Lotte Bormuth

Weil du so wertvoll bist

FRANCKE
Verlag der Francke-Buchhandlung GmbH

Die Deutsche Bibliothek – CIP-**Einheitsaufnahme**
Bormuth, Lotte
Weil du so wertvoll bist/Lotte Bormuth. - Marburg an der Lahn: Francke, 1994
(TELOS-Bücher; Nr. 7662: TELOS-Taschenbuch)
ISBN 3-86122-121-7
NE: GT

35037 Marburg an der Lahn
Umschlagillustration: Agentur Thomas Lardon, Hamburg
Satz: Druckerei Schröder, 35083 Wetter/Hessen
Druck: Druckhaus Gummersbach

TELOS-Taschenbuch Nr. 7662

Inhaltsverzeichnis

Worte von Kraft und Leben

Da antwortete ihm Simon Petrus: Herr, wohin sollen wir gehen? Du hast Worte des ewigen Lebens; und wir haben geglaubt und erkannt: Du bist der Heilige Gottes.

Johannes 6,68-69

Eine noch junge Mutter kommt mit ihrem kleinen Kind auf dem Arm in die Klinik. Sie hat gehört, hier arbeite ein tüchtiger Arzt, der schon vielen Kindern habe helfen können. Vielleicht gibt es doch noch eine Möglichkeit, daß ihre kleine Ulrike das Laufen lernt. Nun ist sie schon vier Jahre alt. Alle andern Kinder in der Nachbarschaft, die sogar noch viel jünger als ihr Sprößling sind, können gehen, laufen, springen, tanzen, hüpfen; nur ihr Kind muß ständig auf dem Arm herumgetragen werden oder in einem Kinderwagen sitzen. Sie hat noch Hoffnung, wenngleich nur einen kleinen Schimmer Hoffnung. Der Professor untersucht die Kleine, macht ein bedenkliches Gesicht, schaut die Mutter an und meint: „Na ja, wir können es noch mal mit einer neuen Methode, die von den Staaten zu uns herübergekommen ist, versuchen. Lassen Sie Ihr Kind hier, wir werden es stationär behandeln."

Der Funke von Hoffnung ist durch diese Worte bei der Mutter erloschen. Sie hört, was der Professor sagt, und hört es doch nicht. Aber sie willigt in die Behandlung ein. Woher soll sie auch Mut gewinnen? Es ist das achte Mal, daß Ulrike in eine Klinik muß.

Der Arzt ruft eine Krankenschwester. Sie ist sofort zur Stelle.

„Komm, kleiner Schatz, du gehst mit mir. Ich bringe dich jetzt auf Station", und mit diesen Worten nimmt sie Ulrike auf den Arm und geht einen langen Gang entlang zur Kinderstation. Niedergeschlagen trottet die Mutter mit dem Köfferchen hinter den beiden her. Sie ist von Leid und Enttäuschung gezeichnet.

Die Schwester öffnet eine Tür und führt die Mutter in ein großes Krankenzimmer. Bett steht an Bett. Da liegen die kleinen Langzeitpatienten in Streckverbänden und Gipsschalen oft über Monate. In einer Ecke aber ist eine Stelle ausgespart. Plötzlich geht die Tür auf, und zwei Betten werden hereingeschoben. Es handelt sich um Friederike und Katja. Sie besuchen den Unterricht in der Klinik.

„Sag mal, Katja, Hoffnung wird doch groß geschrieben?" fragt sie ein wenig unsicher. „Ja, Friederike, Hoffnung wird immer groß geschrieben, Hoffnung ist nämlich ein Hauptwort!"

Darum geht es in unserem Text: Wo finden wir Hoffnung, Zukunft, Sinn des Lebens? Es ist für uns Menschen ein schmerzlicher Prozeß, zugeben zu müssen, daß wir mit unseren natürlichen Kräften nichts Beständiges, Ewiges schaffen können. Alles, was wir leisten und hervorbringen, trägt schon den Keim des Vergänglichen in sich. Wie haben sich Herrscher und Gewaltige bis in unsere jüngste Vergangenheit hinein bemüht, für die Ewigkeit zu planen und zu bauen. Denken wir nur an das sogenannte „Dritte Reich". Tausend Jahre sollte es nach Meinung ihrer Gründer währen. Aber schon nach zwölf Jahren war dieser Alptraum vorbei, und Deutschland lag in Schutt und Asche. Wir wurden zur Generation ohne Väter, weil die Männer auf den Schlachtfeldern verbluten mußten. Aber auch die Zivilbevölkerung hat schrecklich gelitten, und wer die Bombenangriffe über Pforzheim, Stuttgart, Dresden, Hamburg, Köln miterlebt hat, wird den Geruch des Todes und des Verderbens nie mehr vergessen können. In Dresden sind in der

Nacht vom 13. zum 14. Februar 1945 mehr als 35 000 Tote zu beklagen gewesen. Die Stadt mit ihren 630 000 Einwohnern und 500 000 Flüchtlingen wurde durch die drei Luftangriffe amerikanischer Bomber zu einem schrecklichen Inferno. Die Häuser rauchten, die Menschen brannten, keiner wußte, wie er diesen Phosphorbomben entkommen konnte.

Dieses sogenannte „Tausendjährige Reich“ war so schrecklich und mußte scheitern, weil es ein Hirngespinst menschlichen Denkens war. Wer so plant, berücksichtigt nicht, daß uns Menschen Grenzen gesetzt sind. Aus dem natürlichen Schaffen des Menschen kann nichts Ewiges entstehen. Auch Jesus war wahrhaftiger Mensch aus Fleisch und Blut. Rein äußerlich gesehen hat er sich nicht von den andern Menschen unterschieden. Und doch ist Jesus wahrhaftiger Gottessohn, mit göttlichem Geist begabt, damit er uns über diesen unüberbrückbaren Graben zwischen Zeit und Ewigkeit bringen könnte. Durch Jesus ist es möglich, daß wir Sterblichen von seinem Geist ergriffen und für die Ewigkeit bestimmt werden. Was an uns menschlich ist, vergeht. Hiob klagt über die Vergänglichkeit und Nichtigkeit des Menschen: „Der Mensch, vom Weibe geboren, lebt eine kurze Zeit und ist voll Unruhe, geht auf wie eine Blume und fällt ab, flieht wie ein Schatten und bleibt nicht“ (Hiob 14,2).

Diese Tatsache gilt es, sich bewußt zu machen, und dann zu begreifen, was Jesus uns durch seine Gottessohnschaft, durch seinen Geist erworben hat. Gäbe es nicht diese einzigartige Gabe des ewigen Lebens, wir wären in der Tat übel dran. Der Sinn unseres Lebens wäre uns verdunkelt. Wir müßten uns zu Recht fragen: Warum dieses Elend in der Welt? Warum Krankheit, Unfall, ja sogar den Tod erleiden, wenn nach dem Tod doch alles aus ist und wir keine Hoffnung haben?

Für uns Christen aber wird Hoffnung immer groß geschrieben, denn der Geist Gottes macht lebendig. Der gleiche Hiob kann in prophetischer Schau bezeugen: „Ich weiß, daß mein Erlöser lebt, und als der letzte wird er über dem Staube sich erheben. Und nachdem diese meine Haut zerschlagen ist, werde ich ohne mein Fleisch Gott sehen."

So wollen wir uns an diesem Text freuen und auf die Worte unseres Herrn hören. Sie sind Leben, ewiges Leben durch den Geist. Wir erfahren darin Befreiung und Ermutigung. Wer sich an Christus bindet, wird in diesen Machtbereich des göttlichen Lebens mit hineingenommen, ja er darf selbst zum Verkündiger ewigen Lebens werden. Welch großer Schatz ist uns durch den Reichtum des biblischen Wortes geschenkt. Er ist wie ein wundersames Bankkonto der unendlichen Fülle. Je verschwenderischer wir davon abheben, desto größer wird unser geistiges Vermögen.

Freuen wir uns an den Worten, die Geist und Leben sind. Ermahnen wir uns gegenseitig, reichlich, ja geradezu verschwenderisch von diesem Bankkonto abzuheben, damit die Strahlkraft des göttlichen Wortes auch uns erfaßt und wir zu treuen Zeugen unseres Herrn werden.

Johann Christoph Blumhardt war ein solcher Nachfolger Jesu. Mit Gottes Geist begabt, besaß er Vollmacht, Menschen aus der Umklammerung des Satans zu lösen und sie in die Lebensverbindung mit Christus zu bringen.

Ich will uns einige wichtige Ereignisse aus seinem Leben aufzeigen.

Johann Christoph Blumhardt wurde 1805 in Stuttgart geboren. Seine Eltern waren einfache, fromme, gottesfürchtige Leute und erzogen ihre Kinder auch in diesem Sinne. Mit zwölf Jahren hatte Johann Christoph die Bibel schon zweimal durchgelesen. Da der Junge sehr begabt war, durfte er das Gymnasium besuchen und dann später Theologie studieren. Eine besondere Zeit des Wirkens für Gott eröffnete sich ihm, als er Pfarrer in Möttlingen wurde. Er hatte die Gabe, zur rechten Zeit das rechte Wort für seine ihm anvertraute Gemeinde zu finden. Er war seinen Gemeindegliedern ein vollmächtiger Seelsorger. In Möttlingen bescherte ihm Gott ein einschneidendes Erlebnis, durch das fortan sein Wirken in der Kirchengemeinde bestimmt wurde. Es war die Gabe der Heilung, die in besonderer

Weise Gottliebin Dittus aus der Gewalt der Dämonen befreite. Es war ein kräfteverzehrender, grausiger Kampf, den er nur mit den Waffen des Gebets führte.

Zwei Jahre litt, kämpfte und betete Blumhardt, um diesen Mächten der Finsternis, diesen teuflischen Gewalten, zu gebieten, damit sie ausfahren sollten aus dem Leib der geplagten Frau. Und Gott gab Sieg. Unter dem Schrei „Jesus ist Sieger" mußten die Dämonen fliehen. Fortan machte sich Blumhardt diesen Satz zum Motto seines Dienstes. Es entstand nach diesem harten, aber doch siegreichen Kampf eine Bußbewegung hin zu Gott. Menschen wurden innerlich wach, empfanden die Verdorbenheit ihres Lebens durch die Sünde, kamen zu ihrem Pfarrer und bekannten ihm die heimlichsten und schmählichsten Verfehlungen, über die sie sonst mit niemandem geredet hätten. Es war Gottes Geist, der sie ehrlich und aufrichtig machte und ihnen auch den Mut zum Bekenntnis ihrer Sünden gab.

In Jesu Namen sprach er ihnen die Vergebung zu und betete mit ihnen. So erlebten sie, wie sie von Gott erneuert und zu ihm bekehrt wurden. Nachdem sie den Freispruch Christi empfangen und den Sieg über ihre Schuld erfahren hatten, gingen sie als innerlich erneuerte Menschen zu ihren Familien zurück. So war für Gottes Macht eine freie Bahn geschaffen worden, und es trugen sich auch viele Heilungswunder zu. Kranke durften genesen.

Genauso wie in der Geschichte des Gichtbrüchigen zeigte sich auch hier ein innerer Zusammenhang von Sünde und Krankheit, und die Einheit von Sündenvergebung und Heilung. Die Liebe zu seinem Heiland befähigte Blumhardt, auch seine Gemeindeglieder zu lieben und ihnen wohlzutun. Sein Glaube und sein Gebet waren die Kräfte, die er einsetzte, um Menschen aus der Macht der Dämonen zu befreien und heil werden zu lassen. Dieses erstaunliche Erleben mit der Gottliebin Dittus hatte ihm einen tiefen Blick in das Reich der Finsternis gewährt, zugleich aber auch die Macht und Größe seines Herrn erkennen lassen. Er begriff, wie diese Welt ein Schauplatz der Kämpfe zwischen Gottesreich und Satansreich ist, und er erfuhr, wie sich ein Christ zu diesen Kämpfen zu stellen hat. Es geht nicht an, daß ein Nachfolger Jesu sich nur um sein eigenes Seelenheil kümmert und sich mit seinem Frommsein begnügt. Ein Christ muß lernen zu kämpfen und Gottes Reich auf dieser Erde zu bauen. Menschen sollen in den Genuß der Gotteskindschaft gelangen und erfahren, wie dieses neue Leben sich im Alltag auswirkt. So ist es nur verständlich, daß Johann Christoph Blumhardt diese wunderbaren Erfahrungen an seinen Sohn weitergibt. Als die Stunde seines Todes nahte, legte er seinem Sohn die Hände auf und betete: „Ich segne dich zum Siegen!"

Solche Väter und Mütter braucht unsere Zeit, die die Wirkungen Jesu Christi selbst erfahren haben und sie dann auch an ihre Söhne und Töchter weitervermitteln. Wer Jesus hat, der hat das Leben. Blumhardt lebte aus diesem Glauben und wirkte in diesem Glauben. Aber bei allem wunderbaren Heilshandeln, bei allen Wundern und Gebetserhörungen gab er Gott allein die Ehre. Zeit seines Lebens blieb er ein demütiger Mann und bekannte: „Ich bin ein Werkzeug des Siegeshelden. Ihn will ich ehren und lieben."

Soweit diese Kurzbiographie des so gesegneten Mannes aus Möttlingen.

Aber nicht jedes Leben wird so sieghaft beendet wie das von Blumhardt. Jesus muß zu seiner Bekümmertheit feststellen, daß nicht alle, die ihn auf seinem Weg begleiten, auch wirkliche Nachfolger waren. Es erfüllt ihn mit Traurigkeit, daß viele seiner Jünger sich wieder von ihm abwenden und nicht mehr mit ihm leben wollen. Es war ihnen anstößig, so in der Abhängigkeit von Christus zu stehen.

Aber woher rührt dieser Anstoß? Weshalb gelingt es diesen „Jüngern" nicht, in der Niedrigkeit Jesu seinen Auftrag zu erfüllen? Ihre Erwartungen waren auf Ehre, Macht, Größe, Herrlichkeit ausgerichtet und nicht auf Leiden, Schmach, Kreuzestod. Ihnen fehlte der Glaube an Jesu Versöhnungswerk, an seine Erlösungstat. Es war ihr Unglaube, der sie von den wahren Jüngern trennte, denn es heißt in Joh. 6,64: „Aber es sind unter euch solche, die nicht glauben." Hier wird klar aufgezeigt, was sie von Jesus scheidet. Jesus weiß um seine Scheinjünger und auch um seinen Verräter. Er läßt sich nicht täuschen. Und doch vermag Jesus diesen Judas Ischarioth zu tragen, ja zu ertragen und immer noch zu hoffen, er könnte sich wandeln. Schließlich muß Jesus einsehen, daß sich nicht alle in die Jüngerschaft rufen lassen. Nur wer zum Vater findet, bleibt auch bei Jesus. Das ist auch für die wahren Nachfolger eine bittere Pille und schmerzliche Erfahrung. Wer sich nicht fest an den Vater anschließt, kann zwar noch eine Zeitlang in der Reihe der Gemeinde als Mitläufer angesehen werden, aber er wird dann doch ausscheren aus der Jüngerspur und eigene Wege gehen.

Ich kenne Menschen, die in Notzeiten bei Jesus ein warmes Nest, eine Geborgenheit suchten, ging es ihnen aber wieder besser, dann gaben sie Jesus den Laufpaß.

Ich weiß um einen Herrn, der von schrecklichen Depressionen geplagt wurde. Mein Mann und ich versuchten ihn zu trösten, zeigten ihm den Weg zu Christus, holten ihn regelmäßig zum Gottesdienst ab und sorgten auch für sein sonstiges Wohlergehen. Fast zehn Jahre waren wir mit ihm sogar freundschaftlich verbunden. Wir haben viel Zeit, Kraft und Liebe in diese Beziehung investiert. Manchmal verschwanden die Depressionen für Monate, dann aber kamen sie wieder, und wir drängten darauf, daß sich unser Freund in nervenärztliche Behandlung begeben möchte. Als er nach langem Zureden endlich einwilligte, besorgten wir ihm ein Bett in einer christlichen Klinik. Sechs Monate weilte er in der Klinik „Hohe Mark" in Oberursel, und diese Zeit brachte ihm Heilung.

Aber nun kommt das für uns erschütternde Erleben. Nach seiner Genesung war unser Freund nur noch von dem einen Gedanken beseelt, wie er seine Lebenslust befriedigen könnte. Bibellesen, Beten, Gottesdienst waren ihm unwichtig geworden. Als ich ihn für eine Festfeier in unsere

Gemeinde einladen wollte, sagte er mir klipp und klar: „Frau Bormuth, ich bin jetzt am Ziel meiner Wünsche angekommen. Ich habe einen Partner gefunden, eine Traumfrau, sage ich Ihnen, wie sie im Buche steht. Der Sonntag gehört jetzt ganz meiner Sonja!"

Diese Reaktion hat mich unsäglich traurig gemacht. Gott hatte ihm nach langem Leiden die Gesundheit geschenkt, er aber vergaß darüber den Dank an seinen Herrn und ging nur noch seinem Vergnügen nach. Er sagte Gott ab in seinem Herzen, weil diese Frau ihn ganz beanspruchte. Ich geriet darüber selbst in eine Krise.

Auch Jesus machte die schmerzliche Erfahrung. In Johannes 6,66 heißt es: „Von dem an gingen viele seiner Jünger hinter sich und wandelten hinfort nicht mehr mit ihm." So sieht die Wirklichkeit im Leben Jesu aus. Viele gingen eigene Wege und wandten sich dann anderen Dingen zu. Ein Stückweit waren sie an Jesus interessiert, aber sie waren nicht gewillt, ihm im Gehorsam zu folgen. Ihre Wurzeln gründeten sich nicht tief genug in Jesus, und deshalb konnten sie ihm auch keine Frucht bringen. Nie haben solche Menschen begriffen, wie tief Jesus uns liebt. Er liebt uns heraus aus der Sünde, heraus aus allem eitlen Wesen, er liebt uns, obwohl nichts Liebenswertes an uns dran ist, und diese Liebe hätte unsere Gegenliebe verdient ohne Wenn und Aber.

Nachfolge Christi beinhaltet auch Trennung von allem Schmerzlichen, das damit verbunden sein kann. Wir kennen Jesu Gleichnis von der engen Pforte. Er hat es selbst erzählt und bittet uns: „Gehet ein durch die enge Pforte. Denn die Pforte ist weit, und der Weg ist breit, der zur Verdammnis führt; und ihrer sind viele, die darauf wandeln. Und die Pforte ist eng und der Weg ist schmal, der zum Leben führt; und wenige sind ihrer, die ihn finden."

Es gibt keine Nachfolge ohne Entscheidung. Mich bewegt eine wunderschöne Tiergeschichte von Maria von Ebner-Eschenbach, „Krambambuli." Sie macht deutlich, daß noch nicht einmal ein Hund es fertigbringt, zwei Herren zu gehören.

Ein Säufer besitzt einen treuen, wunderschönen Jagdhund. Gegen drei Flaschen Schnaps verschachert er ihn an einen Jagdaufseher. Krambambuli, dieses treue Tier, durchstreift mit seinem neuen Herrn die Wälder und Fluren. Er freut sich an der Weite der Natur und wird zu einem guten Jagdhund ausgebildet. Eines Tages endeckt Krambambuli im Revier einen Wilderer, der Fallen stellt und auf diese schreckliche Weise Rehe, Hirsche, Füchse und Hasen verenden läßt. Krambambuli stellt den Wilderer, merkt aber sofort, daß er seinem früheren Herrchen begegnet ist. Er bleibt vor ihm stehen, wedelt mit dem Schwanz und leckt sich vor Freude die Zunge. Sein Jäger pfeift Krambambuli zurück. Der Hund aber gerät in einen Zwiespalt. Zu wem soll er denn nun gehen? Er liebt seinen neuen Herrn, den Jäger, hängt aber noch an dem alten Säufer.

Schließlich bleibt er in der Mitte von beiden stehen und heult vor Schmerz laut auf. Entscheidungen müssen gefällt werden, das weiß sogar ein Hund.

Auch an Jesus scheiden sich die Geister. Viele Jünger lösen sich von ihrem Herrn und wenden ihm den Rücken zu. Nur wenige bleiben ihm treu und ziehen mit ihm weiter. „Wollt ihr auch weggehen?“ Das ist die Frage, die Jesus dem kleinen zurückgebliebenen Häuflein stellt, und in dieser Frage klingt seine Enttäuschung, sein Schmerz mit. Er verliert ja nicht nur ein paar Männer, sondern sein ganzes Werk steht auf dem Spiel. Durch diesen Jüngerkreis will Jesus das Reich Gottes in dieser Welt aufrichten.

Und nun darf der Heiland erfahren, seine zwölf Jünger folgen ihm weiter nach. Auch wenn es eine kleine Schar ist, kann er sich auf sie verlassen. Nicht auf die Menge kommt es an, sondern auf die Treue und Hingabe, mit der dieser Dienst für Gott getan wird. Jesu Leute gewinnen in der Nähe ihres Herrn eine Strahlkraft, eine Dynamik, um die sie zu beneiden sind. Diese Strahlkraft zeigt auch Wirkung auf ihre Umgebung.

Wenn man die Zahl ansieht, bleiben die Christen ein kleiner Haufen, und doch durchdringen sie diese Welt mit Jesu Botschaft bis an die Enden der Erde.

„Wollt ihr auch weggehen?" Diese Frage packt die Zwölf in ihrem Innersten. Sie erkennen ihre Bedeutung. Petrus macht sich zum Sprecher und ergreift das Wort. Er antwortet mit einer Gegenfrage: „Herr, wohin sollen wir gehen?" Was bleibt einem Menschen, wenn er wieder von Jesus weicht? Wohin kann er sich noch wenden? Wer ist diesem Herren gleich in seiner Liebe und Freundlichkeit? Wer einmal Jesus begegnet und in seine Gefolgschaft getreten ist, wer gesehen und geschmeckt hat, wie einzigartig Jesus Christus ist, kann ihn nicht mehr verlassen, es sei denn, er will das ewige Leben verspielen.

Christus zu kennen, ihn zu lieben, ihm zu folgen, das ist das Köstlichste auf der Welt. Nichts kommt ihm gleich.

Sadhu Sundar Singh, Sohn reicher, vornehmer Eltern, hat um Christi willen Vater, Mutter und seine ganze Sippschaft verlassen und wollte nur noch Jesus nachfolgen. Der Vater drohte ihn zu enterben, aber Sadhu ließ sich nicht von Jesus wegbringen. Der Reichtum war für ihn nichts gegenüber dem, was Jesus ihm bot. „Ich bin entschieden, Jesus zu folgen!" Das war sein Motto.

Martin Luther stand vor dem Reichstag und sollte seiner Lehre, daß allein Christus die Rettung bringt, abschwören. „Hier stehe ich, ich kann nicht anders! Gott helfe mir!" bezeugte er vor den Mächtigen. Er wählte damit ein Leben, das unter der Reichsacht des Kaisers und unter dem Bann des Papstes stand. Er war zu einem vogelfreien Menschen erklärt worden. Wer ihn gefangennahm oder sogar tötete, vollbrachte eine gute Tat.

Marie Durand, diese mutige, treue Hugenottin, wählte eine über dreißigjährige Kerkerhaft in einem finsteren, kalten Turm. Ein Wort der Absage an Jesus hätte genügt, um aus diesem dumpfen Loch herauszukommen. „A votre disposition, dieu", hatte sie in die Wand ihres Gefängsnisses mit ihren Fingernägeln geritzt. „Zu deiner Verfügung stehe ich, Herr!“

Wie steht es mit unserem Bekenntnis zu Christus? Bewegt uns die Frage unseres Herrn? Antworten wir ihm wie die Jünger: „Herr, wohin sollen wir gehen? Du hast Worte des ewigen Lebens, und wir haben erkannt und geglaubt, daß du bist Christus.“

Jesu Wort ist kraftvoll, wie ein Hammer, der Felsen zertrümmert. Und es ist so durchdringend, daß es scheidet Seele und Geist, auch Mark und Bein, und ist ein Richter der Gedanken und Sinne des Herzens. Jesu Wort kann trösten, wie einem eine Mutter tröstet. Wenn alle Worte auf dieser Welt vergangen sind, hat Jesu Wort Bestand. Es ist das rettende Wort unseres Heilands, das uns aus dem Verderben zieht und Hoffnung gibt. Diesem Wort ihres Meisters wissen sich die Jünger verpflichtet. Dieses Wort wollen sie auch unter den Menschen bekannt machen. Für dieses Wort wollen sie kämpfen und einstehen. Bis heute hat sich daran nichts geändert. Wer von ihm in der Tiefe seines Herzens ergriffen ist, der vergißt es nicht mehr.

Ich will von einer Bewegung erzählen, die es sich bis in unsere Tage zum Ziel gesetzt hat, die Bibel bekannt zu machen. Die Mitglieder dieser Gruppe nennen sich Gideons. Diese Männer und Frauen verteilen Bibeln in Schulen, Gaststätten, Hotels, Krankenhäusern, Kasernen und sind auch bereit, ein persönliches Zeugnis von Christus abzulegen und dabei ein Neues Testament weiterzugeben. Angefangen hat diese Bewegung mit einer Mutter. Sie war todkrank und ahnte, daß ihre Tage auf dieser Erde gezählt waren. Ihr größter Kummer war ihr neunjähriger Sohn John, den sie zurücklassen mußte. Da sie den Herrn Jesus sehr liebhatte, wollte sie ihren Jungen ihm anbefehlen.

Sie rief ihren Sohn an ihr Bett: „John, ich weiß, daß ich bald von hier fort muß und dann im Himmel sein werde. Um dich bin ich in Sorge. Ich möchte dich im Namen Jesu Christi segnen und dich bitten, daß du jeden Tag einen Abschnitt in der Bibel liest. Versprich es mir bitte!“

Der Junge kniete am Bett der Mutter nieder. Dann legte ihm die Mutter die Hände auf, segnete ihr Kind und betete mit ihm. John Nickolsen versprach ihr, daß er gerne in der Heiligen Schrift jeden Tag lesen werde. Nach dieser Segnung schloß die Mutter die Augen und wurde von Gott in seine neue Welt heimgeholt.

Der Junge hielt sein Versprechen und gewann die Bibel lieb. Er schämte sich des Evangeliums nicht. Er wuchs heran, erlernte den Beruf des Kaufmanns und kam viel in der Welt herum. Eines Tages suchte er in einer fremden Stadt Quartier. Aber alle Hotelzimmer waren belegt. Schließlich schlug ihm der Portier vor, vielleicht könne er mit einem andern Gast das Zimmer teilen. Er willigte ein. Bevor er zu Bett ging, fragte er seinen Mitbewohner, ob er denn die Bibel lesen dürfte. Er sei es so gewohnt. Darauf schlug der andere Herr vor, zusammen mit ihm die Bibel zu lesen. So geschah es denn auch, und an diesem Abend wurde sein Mitbewohner Christ. Das war für den jungen John Nickolsen ein überwältigendes Erlebnis. Er hatte einen Menschen zu Christus führen können. Fortan wollte er auf seinen Reisen Zeuge seines Herrn sein. Er verteilte Bibeln. Aus diesen kleinsten Anfängen ist eine Bewegung entstanden, die weltweit ist und schon viel Segen bewirkt hat.

Ein Name, der die Welt verändert

Und für Elisabeth kam die Zeit, daß sie gebären sollte, und sie gebar einen Sohn. Und ihre Nachbarn und Verwandten hörten, daß der Herr große Barmherzigkeit an ihr getan hatte, und freuten sich mit ihr.
Und es begab sich am achten Tag, da kamen sie, das Kindlein zu beschneiden, und wollten es nach seinem Vater Zacharias nennen.
Aber seine Mutter antwortete und sprach: Nein, sondern er soll Johannes heißen.
Und sie sprachen zu ihr: Ist doch niemand in deiner Verwandtschaft, der so heißt. Und sie winkten seinem Vater, wie er ihn nennen lassen wollte.
Und er forderte eine kleine Tafel und schrieb: Er heißt Johannes. Und sie wunderten sich alle.
Und sogleich wurde sein Mund aufgetan und seine Zunge gelöst, und er redete und lobte Gott. Und es kam Furcht über alle Nachbarn; und diese ganze Geschichte wurde bekannt auf dem ganzen Gebirge Judäas. Und alle, die es hörten, nahmen's zu Herzen und sprachen: Was meinst du, will aus diesem Kindlein werden? Denn die Hand des Herrn war mit ihm.

Lukas 1,57-66

Es gibt Ereignisse, die lassen mein Herz höher schlagen. So werde ich wohl die Bilder nie vergessen, als Bundeskanzler Adenauer mit einer Delegation nach Moskau reiste, um die

Heimkehr deutscher Gefangener aus den Lagern in Rußland zu erwirken. Als die Eisenbahnzüge mit den ausgemergelten und bis zum Skelett abgemagerten Männern in Friedland einfuhren, läuteten die Glocken. Mit Tränen der Freude und der Rührung wurde der Choral angestimmt: „Nun danket alle Gott mit Herzen, Mund und Händen!" Ehemänner hielten ihre Frauen in den Armen, Eltern ihre Söhne, Väter ihre Kinder. Es war ein bewegendes Erlebnis.

Aber etwas abseits standen diejenigen, die auch gekommen waren, weil sie hofften, ein Lebenszeichen von ihren Angehörigen zu erfahren, und nun enttäuscht waren. An den Zäunen hingen Zettel über Zettel mit Namen von Vermißten.

Diese Bilder von der Heimkehr deutscher Gefangener aus Rußland gingen um die Welt.

Oder mir steht der vorletzte Tag der Olympiade 1992 vor Augen. Ich saß gerade an den Ausarbeitungen dieses Bibeltextes. Ein wahrer Medaillenregen ergoß sich über die deutsche Mannschaft. Innerhalb von 11 Minuten gab es gleich zweimal Gold. Dieter Baumann, der sympathische, kraftvolle Athlet von der Schwäbischen Alb, hatte den 5000-m-Lauf gewonnen, und Heike Henkel siegte im Hochsprung. All die Runden hatte Baumann hinter einer Gruppe von schwarzen Läufern gelegen. Jede Hoffnung auf eine Medaille schien dahin, als die Afrikaner das Tempo verschärften. 300 Meter vor dem Ziel setzte Baumann mit seinem Spurt an. Aber er war zwischen den Kenianern eingekeilt. Da gab es kein Vorbeikommen. Erst auf der Schlußgeraden bot sich ihm ein Schlupfloch, und diese Chance ließ sich der Deutsche nicht entgehen. Mit langen, weit ausholenden Schritten jagte er über die Ziellinie. Seine Hände hatte er zum Sieg erhoben. Vor lauter Freude über dieses gelungene Husarenstück schlug der blonde Schwabe einen Purzelbaum auf der Tartanbahn, umarmte seine Trainerin und ließ sich den Jubel der Tausende auf den Rängen gefallen. Das sind Bilder, die Geschichte schreiben. Mich haben sie zutiefst erfreut, denn es war das erste Mal, daß ein Deutscher über diese Langstreckendistanz Olympiasieger wurde.

Es gibt Ereignisse, die die Welt bewegen, und man könnte Bild an Bild, erhebende und deprimierende, aneinanderreihen.

Hier in unserer Geschichte geht es auch um ein ergreifendes Geschehen. Gott macht Geschichte. Völker aller Zeiten werden davon hören und darüber reden. Aber noch schlummert dieses Ereignis im Verborgenen. Es geht um ein Fest, um eine Namensgebung. Keiner, der an dieser Feier teilnahm, wird die Bedeutung dieses Tages geahnt haben. Es war die Beschneidung, die Namensgebung eines Kindes, das gerade acht Tage alt war. Dies ist in Israel nichts Ungewöhnliches, und doch handelt es sich hier um ein besonderes Kind. Wie viele Jahre haben die Eltern auf diesen Sohn warten müssen. Hoffen und Bangen lagen dicht nebeneinander. Zacharias, der Vater dieses Kindes, diente als Priester im Tempel und brachte die Rauchopfer dar. Er war ein angesehener, aufrichtiger, treuer Mann. Es heißt in Lukas 1,15: „Er wandelte in allen Geboten und Satzungen des Herrn ohne Tadel." Wer wünschte sich nicht, daß eine solche Aussage über ihn gemacht würde? Ohne Tadel zu sein, das ist schon etwas Besonderes, für mich ein unerfüllter Traum.

Und doch litt dieser Priester unsäglich. Kinder waren diesem Ehepaar nicht vergönnt. Nun waren er und seine Frau alt darüber geworden, und sie hatten manches Leid zu durchstehen gehabt. Zur Zeit des Alten Testaments galt Kinderlosigkeit als ein Makel.

Obwohl beiden nichts nachzusagen war, munkelte man hinter ihrem Rücken, daß da wohl doch nicht alles so im reinen wäre, sonst hätte ihnen Gott den Kinderwunsch nicht versagt. Wie sehr leidet ein Ehepaar, wenn ihm sein sehnlichstes Verlangen nach einem Erben und Nachkommen nicht erfüllt wird. Muß nicht ein solch häßliches Reden hinter vorgehaltener Hand den Schmerz noch vertiefen?

Anstatt Öl streut man Pfeffer in die Wunde. Bösartige Sticheleien brennen in der Seele.

Um so erfreulicher ist es, daß sich Zacharias durch solches Gemunkel nicht die Freude im Dienst für Gott beeinträchtigen läßt.

Und dann ereignet sich an einem denkwürdigen Tag etwas sehr Ungewöhnliches. Draußen vor dem Tempel betet das Volk. Drinnen vor dem Altar bringt Zacharias die Opfer dar. Plötzlich erscheint ein Engel. Er redet den Priester an: „Fürchte dich nicht, Zacharias, Gott hat dein Gebet erhört. Elisabeth wird einen Sohn gebären, und du sollst dieses Kind Johannes heißen. Jubel und Freude wirst du darüber empfinden, und mit euch werden sich viele Menschen an diesem Gnadenkind freuen. Vor dem Herrn wird dein Sohn Großes vollbringen. Gottes Geist wird ihn erfüllen. Ihm wird Vollmacht zuteil, und er wird viele Söhne und Töchter Israels zu Gott bekehren. Den Ungehorsamen wird er wehren. Für den kommenden Messias wird er ein Wegbereiter sein."

Begreifen wir das Erschrecken des altgewordenen Priesters? Er soll jetzt noch einen Sohn haben, dazu einen besonderen, einzigartigen Sohn, wo sie doch beide hochbetagt sind?

Diese Botschaft des Engels kann Zacharias nicht fassen, er zweifelt, und dies wird bestraft. „Du wirst stumm sein", verkündigt ihm der Engel, „und nicht mehr reden können, bis an den Tag, an dem sich die Verheißung erfüllt."

Zacharias wird von Entsetzen gepackt, als er spürt, wie er die Sprache verliert. Es gibt nichts Schlimmeres für einen Verkündiger als den Verlust der Sprache. Wie soll er weiter im Dienst für Gott stehen, wenn er die Botschaft nicht mehr anbringen kann? Was sollte Zacharias in dieser Lage tun? Draußen warten die Menschen, damit er mit ihnen betet, ihre Sünden hört und ihnen die Vergebung zuspricht. Die Angst nimmt ihm fast die Luft zum Atmen, als er nach seiner Gewohnheit vor die Leute tritt. Ihm bleibt nur ein stummes Nicken.

Zacharias ist von der Heiligkeit Gottes erfüllt und ist wortlos darüber geworden. Sein Unglaube an die Erhörung seiner Gebete hat dies bewirkt. Das ist ein erschütterndes Geschehen. Auch Gott ist vom Unglauben seines Dieners betroffen. Er leidet an Widerstand und Vertrauensbruch. In Jesaja 56 beklagt Gott diesen Zustand: „Alle Wächter Israels sind blind, sie wissen nichts, stumme Hunde sind sie, die nicht strafen können. Sie sind faul, liegen und schlafen gern."

Hören wir diese Worte aus Gottes Mund. Wir müssen uns fragen lassen: Sind wir auch zu „stummen Hunden" geworden, die nichts mehr zu verkündigen haben? Ein Hund, der nicht mehr bellen kann, verfehlt seine Aufgabe als Hüter des Hauses. So auch ein Jünger Jesu, der sprachlos ist, dem der Mut zum frohen Zeugnis fehlt.

Stumme Jünger und Jüngerinnen Jesu sind wie Salz, das seine Würzkraft verloren hat. Menschen, die Christus fernstehen, sollen zum Heil finden, in Jesus zu ihrem Retter kommen. Aber wie soll das geschehen, wenn die Boten schweigen. Es ist unser Mund, den Gott zum Zeugendienst geschaffen hat, und es sind unsere Worte, die die frohe Botschaft verkündigen sollen. In Psalm 74 heißt es: „Es predigt kein Prophet mehr."

Es gibt kein größeres Übel, als daß Gottes Worte unausgesprochen bleiben und die Zeichen der Rettung keine Bedeutung mehr haben. Boten braucht unsere Zeit, die mutig darüber sprechen, welch große Taten Gott getan hat und noch tut. Was waren doch die Brüder Johannes und Wilhelm Busch vollmächtige Verkündiger des Evangeliums. Corrie ten Boom, diese schlichte Frau, war durchs Leiden gereift und stellte sich Gott als Evangelistin zur Verfügung. Erich Schnepel brannte das Wort in seinem Herzen, und er suchte nach Wegen, wie er besonders der studentischen Jugend die biblische Botschaft nahebringen konnte. Ihm verdanke ich persönlich sehr viel. Neulich entdeckte ich eine kleine Schrift, in der er seine Begegnung mit Gott schildert. Ich will ihn hier selbst zu Wort kommen lassen:

„Ich gehöre zu den Menschen, die nie ahnten, daß die Bibel direkt Bedeutung fürs Leben haben könnte. Unvergeßlich bleibt mir der Sommer 1909. Es war im Urlaub an der Nordsee. Zum ersten Mal lernte ich junge Menschen mit der Bibel kennen. In dem Haus, in dem ich wohnte, wurde ein Treffen von jungen Christen angesetzt, zu dem man mich einlud. Aus Höflichkeit mochte ich diese Einladung nicht ablehnen. Zu meinem Erstaunen hatte jeder dieser jungen Männer eine Bibel oder ein Neues Testament in der Tasche. Der Leiter der Gruppe sagte mit großer Selbstverständlichkeit: ‚Es hat doch jeder seine Bibel dabei!'

Ich war sprachlos. Wie soll ein Mensch auf den Gedanken kommen, sich eine Bibel in den Koffer einzupacken, wenn er in Ferien fährt, um sich zu erholen? Eigentümliche Sache! Aber es ließ mich nicht mehr los, was in dieser Stunde geschah. Die Bibel war in mein Leben getreten.

Freilich hatte alles seine Vorgeschichte. Gottes Strategie in meinem Leben war mächtig wirksam geworden. In seiner Allmacht weiß er, Schritt für Schritt einem Menschen nahezukommen. Nichts kommt zu früh, nichts zu spät.

Wenige Stunden vor meinem Zusammentreffen mit den jungen Christen hatte ich ein sonderbares Erlebnis. Ich ging in die Nordsee und wollte schwimmen. Dabei kam ich in größte Lebensgefahr. In den wuchtigen Wellen der Nordsee rang ich mit dem Tode. Nach einigen Augenblicken gelang es mir doch noch, nach oben zu kommen. Friesische Fischer zogen mich an Land. Ich war gerettet! Klatschnaß und einsam saß ich dann auf der Landungsbrücke. Und da begann der lebendige Gott zu sprechen.

Wenn Gott redet, dann gibt es keinen Widerspruch. Alle Gegenrede hört auf. Man ist auch nie im Zweifel, wer spricht. Es ist der allmächtige Herr mit seiner großen Macht. Wir verstehen, was er zu sagen hat. Da war kein Pfarrer, keine Kirche, aber die Wirklichkeit Gottes war da. Zum erstenmal wußte ich aus unmittelbarer Erfahrung um ihn selbst. Gott offenbart sich heute ebenso lebendig wie einst.

Es ist nicht gemütlich, Gott zu begegnen. Wer um seine Wirklichkeit weiß, hat die Ruhe verloren. Es beginnt die große Auseinandersetzung mit ihm. Was Gott mir zu sagen hatte, war klipp und klar die eine Frage: ‚Was wäre aus dir geworden, wenn du aus den Wellen der Nordsee nicht wieder herausgekommen wärest?'

Die Antwort brauchte mir kein Mensch zu sagen. Die wußte ich selbst. Ich wäre vor Gott verloren gewesen. Jetzt aber wußte ich um den lebendigen Gott und um die Ewigkeit. Dabei schien alles tipptopp in meinem Leben: Einer der besten Schüler im Gymnasium, der Weg zur Universität stand offen, um alte Sprachen und Geschichte zu studieren. Was wollte ich noch mehr?

Aber es ist etwas völlig anderes, wenn wir mit Gott selbst zusammengetroffen sind. Dann erfolgt eine Umwertung aller Werte. Wir bekommen eine völlig neue Blickrichtung. Es werden Dinge offenbar, die wir zuvor nie betrachtet haben. Es braucht einem kein Mensch mehr zu erklären, was Sünde ist. Gott sagt ganz eindeutig und praktisch: Du hast einem Menschen sehr weh getan. An der Stelle hast du gelogen. Hier hast du einen argen Gedanken gehabt.

Punkt für Punkt weiß er an jede Sekunde des Lebens zu erinnern. Er ist ein hervorragender Pädagoge, darum sagt er nicht gleich alles auf einmal. Wir würden sonst den Mut verlieren. Zwei, drei Punkte greift er heraus. An ihnen fällt die Entscheidung, ob wir uns unter Gott beugen wollen oder nicht. Ob wir Christus als Heiland brauchen oder nicht. So hat er es auch bei mir getan.

Gott legte mir ein kleines Büchlein in den Weg. Sein Titel lautete: ‚Jesus selbst'. Es war das erste, das ich über Jesus las.

Unvergeßlich bleibt mir, wie ich in den Dünen des Nordseestrandes dieses Büchlein verschlang. Während ich es las, geschah das Eigenartige, das nur Gott tun kann. Ich las über Jesus, den Unbekannten, von dem ich bisher nur den Namen wußte, der für mich ein Vergangener war. Aber ich merkte auf einmal, daß er selbst da war, als der Lebendige, unmittelbar gegenwärtig. Jesus selbst sprach zu mir. Damit war der Auferstandene in mein Leben getreten. Das kann nur Gott machen. Ich wußte mit heller Gewißheit: Christus lebt, er ist unmittelbar bei dir. Er spricht zu dir. Er ist für dich dein Heiland.

Ich kehrte heim. Viel war mir geschenkt worden. Ich wußte um die Wirklichkeit Gottes. Ich kannte Christus. In den Nächten lag ich oft wach und fragte ihn, ob er mir vergeben könnte.

Fast fünf Monate waren ins Land gegangen. Dann hielt Gott die Stunde für gekommen, um mich seiner Vergebung gewiß zu machen.

Es war ein Dezemberabend im Advent. Da stellte mir mein Herr die Entscheidungsfrage: ‚Du weißt genug von mir. Bist du bereit, nun mir zu gehören?'

Die Antwort war nicht schwer. Sie war von dem guten Pädagogen fein vorbereitet. Ich stand an der Wegscheide meines Lebens und gab Gott mein Ja. Gott schenkte mir darauf einen tiefen Frieden und Freude dazu. Ich gewann die Gewißheit, daß mir alle meine Sünde vergeben und ich in seiner Gemeinschaft aufgenommen war. Das Bibelwort wurde mir wichtig: ‚Wie viele ihn aber aufnahmen, denen gab er Macht, Gottes Kinder zu werden.'"

Gott braucht Menschen, um seinen Willen kund zu tun. Hier in unserem Text hat er sich ein Kind erwählt, das er zum Vorboten Jesu Christi machen will. Wegbereiter soll dieser kleine Sohn des Priesters einmal werden, Rufer in der Wüste hin zu Christus. Und das soll auch in seinem Namen zum Ausdruck kommen. Eigentlich hatten alle Freunde, Bekannte und Verwandten erwartet, daß dieser Junge wie sein Vater Zacharias heißen würde. So war es Sitte damals in Israel. Der Vater gab seinen Namen an den Sohn weiter. Doch abwehrend erklärt die Mutter: „Nein, er soll Johannes heißen." Die Gäste sind bestürzt. Keiner in der Verwandtschaft trägt diesen Namen. Wie kommt Elisabeth eigentlich gerade auf diesen Namen?

Eine ähnliche Situation kenne ich aus eigenem Erleben.

Unser drittes Kind war geboren. Wir gaben ihm den Namen Karl-Heinz Matthias. Karl-Heinz heißt mein Mann, und Matthias bedeutet Gottes Gabe. Wir wollten damit deutlich machen, daß wir in diesem Kind ein besonderes Geschenk von Gott sahen. Der Junge war uns sehr wertvoll. Voller Freude teilten wir die Geburt unseres Sohnes allen Verwandten mit. Acht Tage später erreichte mich der Brief meines Vaters. Darin schrieb er: „Nun bin ich doch sehr enttäuscht, daß Ihr mich wieder übergangen habt. Ich habe bei Eurem dritten Kind sehr gehofft, es bekäme meinen oder den Namen meines Vaters, wie es ja in Bessarabien bei uns Sitte war. Aber Ihr achtet wohl nicht allzu sehr das Land Eurer Väter, sonst hättet Ihr nicht so gehandelt. Ich habe nun keine weiteren Wünsche an Euch. Versteht Ihr, wie traurig ich bin, daß Ihr mir nicht diesen einen dringenden Wunsch erfüllt habt?"

Ich war über den Brief sehr niedergeschlagen. Ich liebte doch meinen Vater, und als ich diese Zeilen gelesen hatte, fing ich zu weinen an. Ich wollte meinen Vater nicht verletzen. Er hätte mir doch sagen können, daß er gerne einen Sohn nach seinem Vater benannt haben möchte, ich hätte ihm diesen Wunsch gerne erfüllt. Woher sollte ich denn wissen, was in Bessarabien Sitte war? Als wir umgesiedelt wurden, war ich gerade sieben Jahre alt. Als mein Mann mittags aus der Schule kam und mir in die verweinten Augen blickte, fragte er ganz bestürzt: „Was ist denn mit der Mama los?" Da antwortete unsere sechsjährige Anne-Ruth: „Der Opa hat einen bösen Brief geschrieben."

Wir haben dann noch am Abend überlegt, wie wir unseren Vater versöhnlicher stimmen könnten, und beantragten eine Namensänderung. Karl Albert Matthias hieß fortan unser Sohn, Albert wie sein Großvater.

Einmal kam mein Vater zu Besuch und fragte unseren Vierjährigen bei der Begrüßung: „Na Junge, wie heißt du denn?"

„Heute heiße ich Albert", war die schlagfertige Antwort des Kindes, kurz und bündig, aber diplomatisch.

Aber hier bei unserem Fest der Namensgebung beharrt Elisabeth auf dem Namen Johannes.

Um ja in keinen Fehler zu verfallen, fragen die Gäste nun noch den Vater des Kindes. Zacharias läßt sich ein Täfelchen bringen und schreibt darauf: „Er soll Johannes heißen!"

Ein großes Verwundern setzt ein. In diesem Augenblick erhält Zacharias seine Sprache wieder.

Mit dieser Namensgebung beginnt eine neue heilsgeschichtliche Zeit. Johannes bedeutet: Gott ist gnädig. Nun herrscht nicht mehr die Zeit des Gesetzes, sondern die Zeit der Gnade bricht an. Die Gemeinde des Gesetzes wird durch die Gemeinde der Gnade abgelöst.

Wie schwierig war das Leben in Israel. Eine Menge von Gesetzen schränkte das Dasein ein. Allein für den Sabbat gab es Hunderte von Gesetzen. Es war zum Beispiel genau vorgeschrieben, wieviel Fäden noch versponnen werden durften und so fort. Aber nun ist mit Johannes dem Täufer das Zeitalter der Gnade angebrochen. Der Sabbat, der aus vielen Regeln und Verboten bestand, wird dann durch den Sonntag, den Auferstehungstag, ersetzt. Der Sonntag erinnert uns nun an die große Tat Jesu. Jesus blieb nicht im Grabe, sondern ist auferstanden. Der Tod verlor an Ostern seine Macht. Jesus lebt und hat neues Leben, ewiges Leben hervorgebracht. Ja, Gott ist gnädig, und Johannes soll durch seinen Namen Zeuge der Gnade sein. Alle menschlichen Gewohnheiten und Traditionen werden auf diesem Fest mit dem Namen Johannes durchbrochen. Nicht der Name des Vaters, wie es die Verwandten und Gäste forderten, ist entscheidend, sondern der neue Name Johannes. Da wird müder Glaube wieder lebendig. Ein Staunen überkommt uns. Wir können nur noch für ein solches Heilshandeln danken und uns freuen. Es ist ein faszinierendes Ereignis, das sich hier bei diesem Fest abspielt. Der Vorläufer Jesu Christi empfängt mit seinem Namen auch seine Berufung. Wenn Jesus den Menschen begegnet, kommt auch eine Furcht über die Leute, denn das Alte vergeht, Neues wird geschaffen. Hier auf diesem Fest reden die Besucher nur noch von dem Unerhörten, was sich hier zugetragen hat. Sie spüren: Hier ist Gott am Werk. Ihre Frage ist berechtigt: „Was wird wohl aus diesem Kindlein werden?"

Gottes Hand liegt auf diesem spätgeborenen Sohn und wird ihn in seinen Dienst stellen. Wer Gott in dieser Weise begegnet, der erfährt, wie sein Leben umgekrempelt wird. Neue Weichen werden gestellt. Der Zug des Lebens fährt in entgegengesetzte Richtung.

Das haben viele Menschen erlebt.

Saulus wurde von einem Christenverfolger zu einem Völkermissionar. Petrus erfährt nach seiner Verleugnung ein wunderbares seelsorgerliches Gespräch mit Jesus und darf zu einem standhaften Mann heranreifen, auf den Christus seine Gemeinde baut.

Ein Augustin wird aus seinem ausschweifenden Leben herausgerissen, hört eine Stimme vom Himmel und bekehrt sich zu Christus. Fortan lebt er nur noch für Gott und wirkt als Kirchenvater durch seine Lehren bis in unsere Tage hinein.

Luther folgt einem Ruf ins Kloster und wird Mönch. Er quält sich ab mit Fasten und Kasteien, um Gott zu gefallen, aber er muß einsehen, daß gegen die Sünde kein Kraut gewachsen ist. Er muß sich sagen: Auch wenn ich mich noch so schinde, meinen Körper mit Ruten blutig schlage, Hunger und Durst erleide, so kann ich meine Sünde nicht in mir abtöten. Ich bleibe ein schuldiger Mensch. Nur die Gnade allein bietet Heil, Rettung und Befreiung.

Ich erinnere mich gerne an Wolfgang Dyck. Er war ein Evangelist aus unseren Tagen. Zunächst aber führte er ein verpfuschtes Leben. Elf Jahre brachte er in Zuchthäusern zu. Außer Mord hat er wohl nach eigenen Aussagen alle Straftaten begangen. Nach seiner Entlassung hörte er auf einer Freiversammlung der Heilsarmee in Hamburg auf der Reeperbahn Gottes Ruf. Später, während einer Predigt auf einer Konferenz in Stuttgart, gab er den Widerstand gegen Gott auf. Er beugte sich unter seine vielen schweren Verbrechen. Mit Tränen in den Augen ging dann dieser sonst so harte Mann den langen Gang bis zum Altar nach vorne, kniete auf der Bußbank nieder und übergab Jesus Christus sein Leben. Fortan wurde er nur von dem einen Gedanken bewegt, wie er Menschen in die Nachfolge Jesu rufen könnte. Sein Herz brannte für Menschen, die Christus noch nicht kannten. Er war unermüdlich im Einsatz und verkündigte das Evangelium. Auf der Rückreise von einer Evangelisation verunglückte er und starb in seinem Autowrack. Sein Tod hat ihn, menschlich gesprochen, viel zu früh ereilt. Ich kannte Wolfgang Dyck sehr gut, da wir in Marburg zusammen eine Jugendevangelisation durchgeführt haben. Wir haben lange Leid um ihn getragen.

So darf unser Leben Anteil haben an Gottes Heilsgeschichte. Was wir mit unserer Lebenszeit anfangen, ob wir sie nutzen oder verplempern, das ist keineswegs festgelegt, sondern steht in unserer Verantwortung. Wir sind durch Jesus Christus teuer erkauft. Sein Leben hat er für uns am Kreuz geopfert, und deshalb wollen wir ihm auch aus Dankbarkeit dienen. Das Beste, das wir haben, ist für Christus gerade gut genug.

Die Geschichte der Gnade hat Johannes mit seinem Kommen in diese Welt eingeläutet. Sein Name macht dies schon kund. „Bereitet dem Herrn den Weg!“, das ist sein Ruf zur Buße und Umkehr. So wollen wir selbst diesem Ruf folgen und andere auf diesen Weg einladen.

Die glückliche Geschichte eines Verlorenen

Und er sprach: Ein Mensch hatte zwei Söhne. Und der jüngere von ihnen sprach zu dem Vater: Gib mir, Vater, das Erbteil, das mir zusteht. Und er teilte Hab und Gut unter sie.
Und nicht lange danach sammelte der jüngere Sohn alles zusammen und zog in ein fernes Land; und dort brachte er sein Erbteil durch mit Prassen.
Als er nun all das Seine verbraucht hatte, kam eine große Hungersnot über jenes Land, und er fing an zu darben und ging hin und hängte sich an einen Bürger jenes Landes; der schickte ihn auf seinen Acker, die Säue zu hüten.
Und er begehrte seinen Bauch zu füllen mit den Schoten, die die Säue fraßen; und niemand gab sie ihm.
Da ging er in sich und sprach: Wie viele Tagelöhner hat mein Vater, die Brot in Fülle haben, und ich verderbe hier im Hunger! Ich will mich aufmachen und zu meinem Vater gehen und zu ihm sagen: Vater, ich habe gesündigt gegen den Himmel und vor dir. Ich bin hinfort nicht mehr wert, daß ich dein Sohn heiße; mache mich zu einem deiner Tagelöhner!
Und er machte sich auf und kam zu seinem Vater. Als er aber noch weit entfernt war, sah ihn sein Vater, und es jammerte ihn; er lief und fiel ihm um den Hals und küßte ihn.
Der Sohn sprach zu ihm: Vater, ich habe gesündigt gegen

den Himmel und vor dir; ich bin hinfort nicht mehr wert, daß ich dein Sohn heiße.
Aber der Vater sprach zu seinen Knechten: Bringt schnell das beste Gewand her und zieht es ihm an und gebt ihm einen Ring an seine Hand und Schuhe an seine Füße und bringt das gemästete Kalb und schlachtet's; laßt uns essen und fröhlich sein! Denn dieser mein Sohn war tot und ist wieder lebendig geworden; er war verloren und ist gefunden worden.
Und sie fingen an, fröhlich zu sein.

Lukas 15,11-24

Ich bin zum Babysitting bei unserer Tochter bestellt: „Mutti, du mußt dir keine Sorgen machen. Daniel wird so lange schlafen, bis ich wieder da bin. Ich habe ihn erst spät hingelegt. Mach es dir bequem bei mir. Im Eßzimmer ist der Tisch schon für dich gedeckt. Der Kaffee ist in der Warmhaltekanne, und die Quarktorte steht im Kühlschrank. In zwei Stunden bin ich wieder zurück. Tschüss, Mutti! Ich wünsche dir einen geruhsamen Nachmittag."

Ja, das ist wirklich ein „geruhsamer Nachmittag". Kaum ist meine Tochter ins Auto eingestiegen, da höre ich schon die ersten Töne unseres Enkels. Ich warte zunächst erst einmal ab, vielleicht beruhigt sich der Kleine. Aber das Weinen nimmt zu. Jetzt schreit der kleine Kerl aus Leibeskräften. Ich trete an sein Bettchen. Als der Junge mich sieht und sogleich merkt, daß seine Mama wohl nicht da ist, brüllt Daniel laut auf. Mich beeindruckt das Schreien des Kindes nicht, ich bin ja als Mutter von fünf Kindern in solchen Dingen erfahren. Zunächst wickle ich den Jungen, koche ihm ein Fläschchen, gebe ihm zu Trinken, aber es ist nichts zu machen. Daniel brüllt aus Leibeskräften. Bis auf die Straße dringt sein Schreien. Die Leute bleiben stehen und schauen etwas verwundert zum Haus hinauf. Ich versuche es mit einer anderen Methode, singe ein Liedchen, hüpfe mit dem

Baby auf dem Arm durchs Zimmer, tanze, spiele Klavier, aber all mein Bemühen scheitert. Puterrot ist Daniels Gesicht, und er windet sich auf meinem Arm. Schließlich packt mich die Angst. Ist das Kind vielleicht krank? Hat es eine Mittelohrentzündung oder sogar eine Bronchitis?

Ich bin ziemlich ratlos, schaue auf die Uhr. Ein und eine halbe Stunde dauert es noch, bis meine Tochter heimkommt. Das ist viel Zeit, wenn man nicht weiß, was man mit einem schreienden Baby anfangen soll.

Plötzlich höre ich, wie sich der Schlüssel im Schloß dreht. Unser Schwiegersohn kommt vom Unterricht nach Hause.

„Komm schnell, Klaus, eurem Daniel fehlt irgend etwas. Das Kind schreit wie am Spieß, es muß entsetzliche Schmerzen haben. Laß nur den Mantel an und fahr gleich zum Arzt!"

„Nun mal sachte, Mutter", versucht mich unser Schwiegersohn zu beruhigen. Er nimmt das Kind auf seinen Arm, und es geschieht ein Wunder. Daniel schluchzt noch zweimal kurz auf und ist dann mucksmäuschenstill. Wohlig kuschelt sich der kleine Kerl im Arm des Vaters.

Da wird mir schlagartig klar: Ein Kind braucht kein Hüpfen, Springen, Tanzen, Klavierspielen, ein Kind braucht seinen Vater. Nur beim Vater fühlt es sich geborgen.

In unserer Beispielgeschichte geht es um einen Sohn und um einen Vater. Mit diesem Gleichnis will Jesus uns deutlich machen, daß wir einen Vater brauchen, einen himmlischen Vater. Kein Mensch kann glücklich werden ohne den Vater im Himmel.

Jesus zeigt uns, wie verloren wir alle sind und daß die Rettung nur in der Begegnung mit dem Vater liegt. Dieser junge Mann lebt bei seinem Vater. Er genießt alle Güte und Liebe seines Vaters wie selbstverständlich. Er hat es unverdient gut zu Hause, und doch wird ihm sein Vaterhaus zu eng, zu muffig. Er strebt hinaus in die weite Welt, er will etwas erleben, er will mitreden können, wenn andere von

Erfolgen, heroischen Taten und prickelnden Abenteuern erzählen. Er will los sein vom Vater und über sein Erbe selbst bestimmen können.

Wahrscheinlich hat er all das Gute im Vaterhaus für zu selbstverständlich geachtet und die Wohltaten genossen. Sein alter Herr ging ihm mit seiner Fürsorge schon auf die Nerven. Er wollte frei, selbständig, unabhängig vom Vater sein. Die Gebote und Weisungen seines Vaters ärgerten ihn. Er fühlte sich eingezwängt in den Ablauf eines normalen Familiengeschehens. Es war ihm alles zu bieder, zu eingefahren. Wo blieben in seinem Alltag das noch nie Dagewesene, das Prickelnde, das Neue? Freiheit will er haben, Freiheit um jeden Preis. Und dabei merkt der Sohn nicht, daß er im Begriff ist, alles zu verlieren. Sicher hat er manches Gespräch mit dem Vater geführt, ihm offen und unbekümmert gesagt, daß er unabhängig, selbständig, ohne alle Fesseln von Tradition und Ordnungen leben wolle. Er wollte nicht ständig hören: „Junge laß das, mach dies und jenes." Er wollte nicht gegängelt werden. Und doch wird der Vater ihn verwundert angeschaut und ihn gefragt haben: „Mein lieber Sohn, fühlst du dich wirklich wie in einer Zwangsjacke? Hast du nicht Freiheiten? Hat dir irgend etwas im Vaterhaus gefehlt? Du bist doch mein Sohn, alles steht dir in meinem Hause zur Verfügung. Jederzeit darfst du mit mir reden, kannst mir sagen, wo dich der Schuh drückt. Ich habe dich sehr lieb, ich versorge dich mit allem, was du brauchst. Auch deine Fehler verzeihe ich dir. Du bist doch frei. Was willst du eigentlich noch mehr?" Und der Sohn wird ihm geantwortet haben: „Vater, ich will tun und lassen, wie es mir beliebt. Bin ich nicht alt genug, um selbst Entscheidungen zu fällen?"

Und wieder wird ihn der Vater angeschaut und ihm geantwortet haben: „Weißt du denn nicht, daß hinter all den Geboten meine Liebe steht? Meine Weisungen sollen dich vor eigenen, unbedachten Wegen bewahren. Sie wollen dir die Richtung angeben, in die du gehen sollst. Ich will dich zu einem lebenstüchtigen Menschen machen. Du bist noch jung, die Gefahren, die dir an allen Ecken und Enden auflauern, siehst du noch nicht. Du sollst nicht Knecht deiner Wünsche und Triebe werden. Deshalb muß ich dir verbieten, was nicht recht ist. Es ist allein meine Liebe zu dir, die dir Beschränkungen auferlegt."

Und dann hat der Sohn die Tür ins Schloß geworfen. Er weiß selbst: „Der Vater hat recht, aber ich kann das jetzt im Augenblick nicht offen vor ihm zugeben. Ich will mich nicht vor dem Vater beugen."

Sein Blut wallt ihm in den Adern, die Leidenschaften brechen in ihm auf. Er fürchtet, er komme im Hause seines Vaters zu kurz. Er meint, etwas Wesentliches zu verpassen. Es kann doch nicht verkehrt sein, wenn ein junger Mann eigene Wege geht und seine Pläne in die Tat umsetzt? Er wird dem Vater schon beweisen, daß er auch ohne ihn im Leben zurechtkommt und es meistert. Er muß es vor sich selbst zeigen, daß er ein echter Kerl ist. Er muß sich gegen den Vater durchsetzen.

Und während er so denkt, taucht in seinem Inneren immer wieder das Bild des Vaters auf, und wenn er auch meint, er handele recht, so muß er doch insgeheim zugeben, daß er einen Schritt zu weit gegangen ist. Er sieht das Antlitz des Vaters vor sich und weiß, es wird mich wohl verklagen müssen.

Aber so schnell gibt er nicht klein bei. „Einmal nur will ich mich austoben, will das Leben in vollen Zügen genießen, einmal völlig los sein vom Vater. Danach will ich wieder heimkommen, denn so dumm bin ich nicht, daß ich die Vorzüge eines herrlichen Zuhauses nicht zu schätzen wüßte. Aber jetzt will ich erst mal fort und die Welt erkunden."

Erkennen wir uns im Beispiel des verlorenen Sohnes vielleicht selbst wieder? Sind das nicht die Einwände, die wir unserem Vater im Himmel entgegen halten? Wollen wir nicht auch in unseren Entscheidungen los vom Vater sein, frei, ohne jegliche Bindung? Es ist unser Bild, das uns in diesem Gleichnis begegnet. Wir wollen nicht vom Vater im

Himmel bestimmt werden, sondern völlig unabhängig und frei leben. Wir sind der verlorene Sohn, der vor den Vater tritt und von ihm fordert: „Vater, gib mir das Teil der Güter, das mir gehört."

Es ist im Grunde sehr verwunderlich, daß der Vater nun nichts mehr einwendet, sondern wortlos das Erbe zwischen seinen beiden Söhnen aufteilt und dem Jüngsten sein Vermögen übergibt. Der Sohn soll seine Freiheit haben. Wortlos läßt der Vater den Rebell ziehen, er zwingt ihn nicht länger zu seinem Glück im Vaterhaus. Mit einem wehen Blick begleitet er ihn, bis er um eine Wegbiegung verschwunden ist. Der Vater ahnt, daß dieser Weg seinem Jungen nichts Gutes bringen wird, aber er schweigt und leidet. Alle Hoffnungen, die sich der Vater mit seinem Sohn gemacht hat, muß er in diesem Augenblick begraben. Der Sohn zieht in die Fremde, weg vom Vater. Wird er wieder zurückkommen, und wie wird er dann aussehen?

Hier schauen wir Gott ins Angesicht, wie er um seine verlorenen Söhne und Töchter leidet. Seine weggelaufenen Kinder verursachen ihm Kummer, sie wollen alle Gaben haben, aber den Vater klammern sie aus. Die Schritte weg vom Vater werden ihnen Unglück bringen, und das schmerzt den Vater, denn es sind seine Kinder, und der Vater will nicht, daß auch nur eins verloren geht.

Was bleibt den verlorenen Söhnen und Töchtern auf ihrem Weg? Der traurige Blick des Vaters, sein liebevolles Herz, das auch in der Fremde für sie schlägt.

Wo sind wir wie der verlorene Sohn dem Vater weggelaufen?

Wo haben wir uns die Gaben des Vaters auszahlen lassen und sie dann ohne sein Einverständnis verpraßt?

Auf der Insel Rügen begegnete ich einer sehr reichen Frau. Reisen gehörte zu ihrem Leben mit dazu wie für andere Menschen Essen und Trinken. Um die teuren Badekuren brauchte sie sich keine Gedanken zu machen. Sie hatte von ihrem Vater, einem reichen Geschäftsmann, viel Geld geerbt und es gewinnbringend angelegt. So lebte sie von den Zinsen. Aber diese Frau war nicht nur reich, sondern auch sehr begabt. Sie sprach mehrere Fremdsprachen fließend. Sie begleitete Manager und Geschäftsreisende ins Ausland und dolmetschte. Diese Dolmetscherin war mit verschwenderischer Fülle ausgestattet, was Schönheit, Reichtum und Intelligenz anbelangten. Sie hätte glückliche Tage sehen können, hätte sie all ihre Gaben im Einvernehmen mit Gottes Willen genutzt. Aber bewußt sagte sie sich von Gott los und suchte nach prickelnden Abenteuern. Sie strebte eine Bewußtseinserweiterung an und geriet in die Hände eines indischen Gurus und eines thailändischen Wunderheilers. Zu spät merkte sie, wie sie durch ihre okkulten Jenseitserfahrungen in dämonische Abhängigkeiten kam. Zunächst war sie begeistert von all dem spannenden Erleben. Wenn sie mit Freunden zusammensaß, hatte sie viel Neues zu erzählen. Aber wer dem Teufel den kleinen Finger reicht, muß ihm schließlich die ganze Hand geben. Schreckliche Ängste waren die Folgen ihres gefährlichen Treibens. Plötzlich konnte sie nicht mehr recht schlafen. Auch das Essen wurde ihr zur Qual. Öfter geschah es, daß sie mitten auf der Straße hinfiel und einen Schreikrampf erlitt. Selbstmordgedanken plagten sie. Ihre Abwendung von Gott und die Hinwendung zu okkulten Praktiken zerstörten ihren Lebensmut. Dagegen half auch keine transzendentale Meditation. So lernte ich diese „verlorene Tochter“ unseres Vaters im Himmel kennen. Noch steckt sie in den Händen dämonischer Mächte, ich konnte keine Befreiung für sie erwirken. Da braucht's viel Gebet, um die Fesseln des teuflischen Bannes zu lösen. Diesen Dienst der Fürbitte will ich gerne für diese reiche, aber unglückliche Frau tun.

Wenn wir uns vom Vater wegbegeben, ihm den Rücken kehren, unsere Begabungen ohne ihn gebrauchen, schaden wir uns immer selbst.

Mir klingt noch das Gespräch mit einem Mann im Ohr. Er klagte sich an: „Ich habe alles mit meiner Geldgier kaputt gemacht. Ich wollte reich werden, habe geschuftet, bis zum

Geht-nicht-mehr. Jeden Pfennig trug ich zur Bank. Meiner Frau habe ich nie eine Freude gemacht oder meinen Kindern mal einen Urlaubsspaß gegönnt. Ich kaufte Grundstücke und baute mir ein Haus, riesengroß und mit allem Komfort. Designerfliesen suchte ich aus, und beim Parkett wählte ich das teuerste Holz. Da steht nun mein Palast, aber die Herzlichkeit, die Liebe, die Wärme fehlen. Wieviel Streit hat es bei uns ums leidige Geld gegeben. Die Heizung durfte erst am 1. Oktober angestellt werden. War es im September kalt, dann heizte meine Frau insgeheim mit dem Backofen, wenn sie das Baby wickelte. Aber ich bin ihr auf die Schliche gekommen, denn die Stromrechnung war enorm hoch. Wegen dieser Rechnung gab's einen Mordskrach, und in einem Anflug von Wut habe ich meine Frau sogar geschlagen. Daraufhin ist meine Frau mit unseren beiden Töchtern zu ihren Eltern gegangen. Sie konnte es nicht ertragen, so gedemütigt zu werden. Im Zorn hat sie mir beim Weggehen zugerufen: ‚Wenn du mal stirbst, muß ich mir einen Vermögensverwalter engagieren, um einen Durchblick über Bausparverträge, Aktien, Grundstücke und Sparbücher zu bekommen. Wir sind reiche Leute, und ich soll mit meinen Kindern frieren? Sieh zu, wie du in deinem kalten Palast leben kannst. Ich haue ab!' Und mit diesen Worten schlug sie die Haustür zu und verließ mich."

Dem Mann standen die Tränen in den Augen, als er mir dies erzählte. Ich wurde an das Wort der Bibel erinnert: „Der Geizige zerstört sein eigen Haus" (Sprüche 15,27).

Nichts schmerzt mehr als vor selbstverschuldeten Ruinen zu stehen.

Und eine andere Frau berichtete mir: „Eigentlich hätte ich mit meinem Aussehen und mit meiner Figur zufrieden sein können. Gewiß, ich war schon immer ein stämmiger Typ, aber wie ich jetzt aussehe, das habe ich mir selbst zuzuschreiben. Nach einer mißglückten Liebesaffäre begann ich, meinen Frust durch Essen zu vertreiben. Neulich wollte ich ein Paket für die hungernden Menschen in Rumänien schikken. Unter andern Lebensmitteln kaufte ich auch sieben

Tafeln Schokolade. Der Tag war noch nicht zu Ende, da hatte ich mir alle sieben Tafeln einverleibt. Ich bin freßsüchtig geworden und darüber sehr niedergeschlagen. Sehen Sie noch eine Chance für mich? Ich schäme mich vor mir selber, finde kaum noch etwas Passendes zum Anziehen im Katalog und traue mich mit dieser Figur nicht mehr unter die Menschen."

Das sind selbstgeschlagene Wunden, und sie schmerzen um so mehr. Warum vergessen wir in unseren Nöten den Vater? Warum wollen wir uns selber helfen und vermögen es doch nicht?

Und noch ein Beispiel will ich anführen.

Da ruft eine Mutter schon sehr früh am Morgen an. Es war gerade fünf Uhr dreißig. „Frau Bormuth, unsere Gabi will heute ihren Arbeitsplatz kündigen, um mit ihrem Freund ins Ausland zu reisen. Bitte beten Sie für unsere Gabi! Wir sind mit unserm Reden und Tun am Ende. Nichts fruchtet mehr. Gabi ist so fasziniert von ihrem Ali, daß sie wie blind ist. Sie ist diesem persischen Studenten hörig. Was er sagt, das gilt. Unser Rat ist in den Wind gesprochen. Begreift denn unsere Tochter nicht, daß sie sich mit dieser Beziehung ins Unglück stürzt? Sie ist verloren, wenn Gott nicht eingreift und sie von diesem abwegigen Plan zurückhält. Wir haben keine rechtliche Handhabe gegen Gabi. Sie ist achtzehn Jahre alt und somit volljährig. Ali ist Mohammedaner, wir sind eine christliche Familie. Gabi ist getauft, konfirmiert und war über mehrere Jahre im EC. (Das ist eine entschiedene christliche Gruppe.) Aber seit sie Ali in ihrem Betrieb kennenlernte, hat er die erste Stelle eingenommen. Sie ist verloren, wenn sie mit diesem Mann – er ist viele Jahre älter als Gabi – nach Persien geht. Sie muß doch damit rechnen, daß Ali sich Nebenfrauen leisten kann. Nie wird sie so etwas verkraften. Ich leide schrecklich um meine Tochter."

Wer selbst heranwachsende Kinder hat, wird diese Mutter gut verstehen. So verlege ich mich an diesem Morgen aufs Beten. Ganz gleich, was ich arbeite, ob ich die Hemden bügle, oder im Garten Unkraut zupfe, oder am Herd meinen Gulasch bereite, immer wieder nenne ich Gott den Namen dieser „ verlorenen Tochter“. Ich rufe auch diese Mutter an, und wir beten gemeinsam übers Telefon.

Drei Wochen waren vergangen, da erreicht mich folgender Brief. In Auszügen gebe ich ihn hier wieder.

Liebe Frau Bormuth!
Ich möchte mich sehr herzlich bei Ihnen bedanken, daß ich Sie in der Frühe des dritten März habe sprechen können. Sie haben mit mir gebetet, und das gab mir Kraft, diese Krise durchzustehen. Ich war in schrecklicher Not, aber der treue Herr hat auch da wunderbar herausgeführt. Unsere Tochter ist doch nicht mit dem Perser ins Ausland verschwunden, sie geht weiter zur Arbeit. Was sich zwischen meiner Tochter und diesem Fremden abgespielt hat, ist mir unbekannt. Vielleicht gab es auch Schwierigkeiten mit seiner Familie. Aber ich bin sehr glücklich, daß Gabi bei uns geblieben ist. Gewiß, in den ersten Tagen nach diesen Auseinandersetzungen war es für mich sehr schwer. Gabi war störrisch und unfreundlich. Aber inzwischen haben wir uns wieder ausgesöhnt. Für mich war diese Anfechtung eine wichtige Erfahrung. Gott hört Gebet und führt aus der Drangsal wieder heraus.

Herzliche Grüße
Ihre Frau Weimann (Name wurde geändert)

Mit einem letzten Beispiel will ich diesen Punkt abschließen, obwohl ich aus der Seelsorge noch viele Lebensgeschichten darstellen könnte.

Wer die Gaben losgelöst von Gott gebraucht, bringt eine Lawine ins Rollen, die ihn unter Umständen unter sich begräbt. Auch der verlorene Sohn hat nie gedacht, daß er einmal am Schweinetrog landen würde.

Aus Hamburg ruft eine Frau an. Sie ist Mutter von zwei heranwachsenden Töchtern. „Was soll ich bloß machen? Als ich den Anzug meines Mannes aufbügele, finde ich in der Hosentasche eine Rechnung über 782,-- DM. Sie war von einem Club ausgestellt, dessen Name mich gleich an ein Freudenhaus erinnerte. Ich konnte mir nicht erklären, warum mein Mann auf einer Dienstfahrt nach Bonn, die ja nur zwei Tage dauerte, 780,-- DM ausgeben konnte, wo doch seine Firma solche Kosten trägt. Als mein Mann am Abend von der Arbeit heimkam, sprach ich ihn in dieser Sache an. Er gestand mir, daß er einer großen Versuchung erlegen war. In einem Amüsierclub hatte er eine Nacht zugebracht, und dabei seien die hohen Auslagen entstanden. Warum tut mir mein Mann das an? Er ist doch Christ und Vater zweier Töchter. Ich bin fertig, total fertig. Unsere Ehe hat einen kräftigen Riß bekommen. Daß ich solch eine Enttäuschung nach fast zwanzig Jahren Ehe hinnehmen muß, macht mich fertig. Ich kann mir die Eskapaden meines Mannes überhaupt nicht erklären."

Mich hat dieser Anruf sehr nachdenklich gemacht. Wir sind alle gefährdete Leute und bleiben auch gefährdet unser Leben lang. Der verlorene Sohn, das sind wir, wenn wir uns vom Vater lossagen. Wer sich verselbständigt, läuft Gefahr, sein Leben zu zerstören. Uns ist dieses Gleichnis erzählt, uns zur Warnung. Jesus will uns den Spiegel vorhalten, damit wir unsere wankelmütige, sündhafte Neigung erkennen. Der verlorene Sohn will ja kein Lump werden, will nicht bei den Schweinen landen. Leben will er, großartig leben und genießen. Er will zeigen, daß er etwas vorzuweisen hat, er ist doch Sohn eines reichen Vaters, Erbe eines großen Vermögens. Er schwelgt in seinen Träumen, hastet auf der endlosen Straße zweifelhafter Vergnügungen dahin und muß erkennen, wie ihm alles unter seinen Händen zerrinnt. Und je unglücklicher und verlorener er sich fühlt, um so mehr tobt und feiert er, bis er schließlich alles verpraßt hat und er sein Los mit den Schweinen teilen muß.

Entsetzlicher Hunger plagt ihn. Die hell erleuchteten

Fenster des Vaterhauses sieht er nicht mehr. Er ist weit abgedriftet von der wohligen Atmosphäre im Vaterhaus. Aber noch bleibt ihm die Erinnerung an all das Schöne, das er beim Vater gehabt hat. Vom süßen Leben ist ihm nur ein bitterer Geschmack auf der Zunge verblieben. Seine Leidenschaften haben ihn ruiniert. Er hört das entsetzliche Klirren und Rasseln seiner Ketten, mit denen er gebunden ist, und ihm bleibt nur ein gequältes Stöhnen. Seine angeblich so treuen Freunde haben sich von ihm abgewandt, als sie merkten, daß das Portemonnaie leer ist. Allein sitzt er in seinem Elend da. Wie gerne möchte er sich von den Schoten des Johannesbrotbaumes ernähren, die den Schweinen vorgeworfen werden, aber auch dieses Fressen bleibt ihm versagt. Ihm ist nur ein gequältes, ironisches Lachen am Schweinetrog geblieben.

Aber dieser gewaltige Leidensdruck, unter den er gerät, hat auch etwas Gutes. Der Sohn geht in sich. Er begreift, wie töricht er gehandelt hat. Es gibt nichts Unsinnigeres, als vom Vater wegzulaufen. Ekel über sein verpfuschtes Dasein überkommt ihn, ja er steigert sich bis ins Unerträgliche hinein, wenn er in seinen Gedanken das Vaterhaus vor sich sieht. „Was bin ich doch für ein Narr! Liebe und Geborgenheit habe ich drangegeben, nur um mir für einen kurzen Augenblick Lust zu verschaffen."

Und plötzlich taucht mitten in seinem Jammer das Bild des Vaters aus seinem Innern auf, wie er ihm traurig nachgesehen hat, als er seinen eigenen Weg in die Fremde ging. Er sieht auf seine leeren Hände und spürt den Hunger in seinem Leib, und dabei wird ihm bewußt: „Ich darf zu meinem Vater kommen."

Das ist Evangelium, das ist Freudenbotschaft: Ich darf nach Hause kommen. In diesem einen Satz liegt das Heil, die Rettung. Der Vater wartet auf mich.

Da geht der Sohn in sich: „Wie viele Tagelöhner hat mein Vater, die Brot die Fülle haben, und ich verderbe in meinem Hunger! Ich will mich aufmachen und zu meinem Vater gehen."

Das ist Buße, von Gott gewirkte Buße, wenn ein Mensch bereit wird, zum Vater zu gehen. Buße ist nicht Quälerei, nicht Anstrengung, nicht eigene Wiedergutmachung, Buße ist Aufbruch zum Vater, ist ein Nachhausekommen, ist Lichtblick im Dunkel. Buße ist Freude mitten in der Verzweiflung, Buße ist Heimkehr, Buße ist Himmelreich.

Johannes der Täufer hat es hinausposaunt: „Tut Buße, denn das Himmelreich ist nahe herbeigekommen."

Mit Christus ist das Himmelreich auf unsere zerschundene und gequälte Erde gekommen, und wir können Heimat beim Vater finden.

Als der verlorene Sohn meint, alles sei für ihn verloren und er müsse bei den Schweinen umkommen, da leuchtet ihm das Bild des Vaters auf. Ihm wird das Geschenk der göttlichen Traurigkeit zuteil, denn das alte, verpfuschte Leben ekelt ihn an, und er sieht die liebenden Augen des Vaters.

In seinen Lumpen tritt der Sohn die Heimreise an. Er wagt es, zum Vater zu gehen, und dabei bewegt ihn der Gedanke: „Was sage ich meinem Vater?"

Je näher er dem Vaterhaus kommt, desto schneller werden seine Schritte. In der Ferne des Horizonts erkennt er die Giebel des Vaterhauses. Von tiefer Sehnsucht erfüllt, schaut er nur in diese eine Richtung. Und während seine Füße ihn immer schneller tragen, sieht er, wie der Vater schon auf ihn zukommt. Er hat auf den Sohn gewartet, und nun ist dieser einzigartige, wunderbare Augenblick wahr geworden: Der Sohn kehrt heim. Weit streckt der Vater die Arme aus, fällt seinem Sohn um den Hals, küßt ihn und drückt ihn bewegt an seine Brust. Freudentränen laufen dem Alten über die Wangen, und der Sohn kann nur stammeln: „Vater, ich habe gesündigt gegen den Himmel und vor dir; ich bin hinfort nicht wert, daß ich dein Sohn heiße."

Weiß ich um eine solche Erkenntnis? Sehe ich den tiefen Graben, der zwischen mir und Gott durch meine Sünde entstanden ist? Leide ich unter meiner Schuld und Versuchlichkeit? Mich bekümmert mein So-sein, und ich kann nur wie der verlorene Sohn ausrufen: „Vater, ich habe gesündigt, und ich bin nicht wert, daß ich dein Kind sein darf."

Verloren, abgrundtief verloren bin ich, wenn ich auf mich schaue; aber gerettet und Gottes geliebtes Kind, wenn ich meinem Vater im Himmel in den Armen liege. Ich habe keinen Trumpf in der Hand, mit dem ich das Leben gewinnen könnte, aber Gottes Liebe macht es möglich, daß mir sogar das ewige Leben geschenkt wird. Das ist der Augenblick, wo Jesus Christus ins Spiel kommt. Wo nichts mehr zu retten war, da kam Jesus und gab sein Leben für mich. Golgatha ist der Ort, da Gott seinen höchsten Trumpf ausspielte, den eigenen Sohn einsetzte, um mich aus meinem Verderben zu reißen. Wer Gott Auge in Auge gegenübersteht, muß bekennen: „Ich habe gelogen, ich habe gestohlen, ich habe die Ehe gebrochen, ich habe hinter dem Rükken der andern schlecht über sie geredet. Wer könnte sich von Schuld freisprechen, und wen betreffen diese Sünden nicht als lauernde Versuchung? Aber der Opfertod Jesu am Kreuz schafft mir die Aussöhnung mit Gott im Himmel. Ich darf Vater zu ihm sagen.

„So sehr hat Gott die Welt geliebt, daß er seinen eingeborenen Sohn gab, auf daß alle, die an ihn glauben, nicht verloren werden, sondern das ewige Leben haben."

Darin zeigt sich das Heil für mich: Jesus nahm meine Sünde auf sich, er wurde bereit, den langen Weg über Gethsemane nach Golgatha zu gehen. Er empfand schmerzhaft den Verrat durch Judas Ischarioth und die Verleugnung durch seinen Jünger Petrus. Geißelung, Schläge, Spott und Schande konnten ihn nicht davon abbringen, sein Erlösungswerk ans Ziel zu bringen.

Nun darf ich mich freuen: denn Jesus liebt mich, den Verlorenen. In der Fremde dieser Welt darf ich bei Gott Heimatrecht haben. Ich bin mit hineingenommen in die Festfreude des Vaters. Er will auch mir einen Fingerreif anlegen. Die Kleider der Gerechtigkeit bedecken meine

Blöße, im Mahl gibt sich mir Christus im Wein und im Brot. Ich war tot, aber ich bin wieder lebendig geworden. Ich war verloren, aber ich bin wieder gefunden worden.

Leben heißt Begegnung

Und ich habe es gesehen und bezeugt: Dieser ist Gottes Sohn.
Am nächsten Tag stand Johannes abermals da und zwei seiner Jünger; und als er Jesus vorübergehen sah, sprach er:
Siehe, das ist Gottes Lamm! Und die zwei Jünger hörten ihn reden und folgten Jesus nach.
Jesus aber wandte sich um und sah sie nachfolgen, und sprach zu ihnen: Was sucht ihr? Sie aber sprachen zu ihm: Rabbi – das heißt übersetzt: Meister –, wo ist deine Herberge?
Er sprach zu ihnen: Kommt und seht! Sie kamen und sahen's und blieben diesen Tag bei ihm. Es war aber um die zehnte Stunde.
Einer von den zweien, die Johannes gehört hatten und Jesus nachgefolgt waren, war Andreas, der Bruder des Simon Petrus. Der findet zuerst seinen Bruder Simon und spricht zu ihm: Wir haben den Messias gefunden, das heißt übersetzt: der Gesalbte.
Und er führte ihn zu Jesus. Als Jesus ihn sah, sprach er: Du bist Simon, der Sohn des Johannes; du sollst Kephas heißen, das heißt übersetzt: Fels.

Johannes 1,34-42

Es gibt Begegnungen, die sind von einschneidender Bedeutung. Ein Leben lang kann man sie nicht mehr vergessen.

Sie geben unserem Dasein eine neue Ausrichtung. Die Bibel berichtet von vielen wichtigen Ereignissen dieser Art.

In unserem Text geht es um ein Bekehrungswunder. Wir erfahren sogar ein festes Datum, das sich dem Schreiber dieser Verse tief eingeprägt hat: „Am nächsten Tag", heißt es hier. Nie mehr hat Johannes diesen Tag vergessen, denn es war sein Tag, seine Bekehrung. Von Grund auf wurde er durch die Begegnung mit Jesus erneuert. Jesus und der Täufer, wie er später genannt wurde, waren zusammengetroffen. Was sich zwischen ihnen abgespielt hat, wird uns nicht berichtet. Nur auf das eine geht Johannes ein. Beim Weggehen weist er auf Jesus hin und ruft aus: „Siehe, das ist Gottes Lamm, das der Welt Sünde trägt." Johannes und Andreas werden durch diesen Ausspruch so bewegt, daß sie dem Gotteslamm folgen müssen. Hier ist ihnen der Gottessohn selber begegnet, und nur er kann ihnen den Weg zum Vater im Himmel weisen.

Ihr Beweggrund für die Nachfolge ist echt. Nicht eigene Ehre suchen sie, nicht einen neuen Broterwerb, es geht ihnen auch nicht um Sicherheit, denn das Gotteslamm hat nichts, wo es sein Haupt hinlegen kann. Sie sind dem Messias begegnet, und darin sehen sie die Erfüllung ihres größten Wunsches. Deshalb hält diese Beziehung auch in der notvollsten Leidenszeit der Belastung stand. Als Jesus unsagbar daran litt, daß einer aus dem Jüngerkreis ihn verriet, da lag Johannes an der Brust des Heilandes und harrte bei ihm aus. Aber vielleicht ist das andere Geschehen noch eindrucksvoller. In der Stunde, da Jesus auf Golgatha schreckliche Qualen erduldete, stand Johannes der Mutter Jesu bei. „Siehe, das ist deine Mutter", sagte das Gotteslamm zu seinem liebsten Jünger.

Wir erkennen, daß es viele Motive gibt, warum Menschen die Verbindung mit Christus suchen. Die einen sind fasziniert von der gewaltfreien Rebellion, wie sie Jesus praktiziert hat. Die andern sind begeistert von der Art, wie er das Heil verkündigt. Die dritten bewundern ihn, weil er Kranke heilt, Tote zum Leben erweckt und Trauernde tröstet. Aber Jesus will um seiner selbst willen, um seiner Gottessohnschaft willen gebliebt werden, und davon ist auch Johannes fasziniert. So folgen diese beiden Jünger Jesus nach, still und ohne viel Aufhebens, bis sich Jesus ihnen zuwendet und sie fragt: „Was sucht ihr?“ Zum erstenmal wechselt Jesus mit ihnen ein Wort. Ja, was suchen sie bei Jesus? Darüber sind sie sich selbst noch nicht ganz im klaren. Das einzige, was sie über Jesus wissen, ist die Aussage des Täufers: „Siehe, das ist Gottes Lamm!“

Langsam beginnen sie zu ahnen, wie Jesus für sie zum Heiland, zum Retter, zum Versöhner werden kann. Das ist's doch, was sie umtreibt. Die Frage, wie sie mit Gott ausgesöhnt leben könnten, und wenn ihnen Jesus bei dieser Zielsuche behilflich sein kann, dann wollen sie sich an ihn binden. „Meister, wo ist deine Herberge?“ Aus dieser Frage spricht die Angst, Jesus könnte ihnen aus dem Gesichtskreis entfliehen, sie aber brauchen ihn; nur er kann ihnen mehr über das Gottesreich sagen, denn er ist der Messias. Freundlich geht Jesus auf ihre Bitte ein: „Kommt und seht!“

Das ist die Stunde, in der für Johannes und Andreas die Nachfolge Christi beginnt. Diese Begegnung mit dem Messias hat sich ihnen tief eingeprägt. Sie wissen sogar die Uhrzeit. Es waren noch genau zwei Stunden bis Sonnenuntergang.

So wie wir alle als Originale von der Hand unseres Schöpfers geschaffen wurden, so hat auch jeder seine originelle Art, wie seine Christusbeziehung sich gestaltet. Keiner kann und sollte den Glaubensweg des andern kopieren. Johannes weiß Zeit und Stunde, da seine Nachfolge ihren Anfang nahm. Saulus hat die Straße bei Damaskus nie mehr vergessen, als ihn plötzlich ein Licht umleuchtete, er vom Pferd herabstürzte und die Stimme Jesu vernahm: „Saul, Saul, was verfolgst du mich?“ Nicht alle Bekehrungen verlaufen so dramatisch wie die von Paulus, der sogleich von Saulus zu Paulus umbenannt wurde.

Es gibt Menschen, die sind so ergriffen von der Freundlichkeit und Güte Gottes, daß sie spontan sagen: „Solch einem Herrn möchte ich gehören!“ Andere erleiden viel Not und müssen erst einen harten Bußkampf durchstehen, bis sie zu der frohen Gewißheit kommen: „Jesus ist mein Herr und Heiland!“

Zeit und Stunde ist vielen Menschen nicht bekannt, denn ihre Christusnachfolge vollzieht sich über einen längeren Zeitraum hinweg. Allein die Tatsache ist für ihre Rettung wichtig, daß sie begreifen: Jesus ist gekommen, Sünder selig zu machen, und seinem Willen unterstellen wir unser Leben.

In diesen zwei Stunden vor Sonnenuntergang ereignet sich bei Johannes und Andreas die Erneuerung ihres Lebens. Sie wagen den Schritt über die Linie und kommen in eine Gottesbeziehung, die hier auf Erden ihren Anfang hat und bis über den Tod hinaus ihre Bedeutung behält. „Wer Jesus hat, der hat das Leben, auch das ewige Leben.“

Ich will von Daniel erzählen. Die Schüler des altsprachlichen Gymnasiums feierten ihr Abitur. Auf vielfältige Weise gaben sie ihrer Freude Ausdruck, daß sie nun endlich der Schule den Rücken kehren konnten. Einige Schüler stellten eine Abiturzeitung zusammen, andere überlegten sich lustige Streiche, mit denen sie die Aufmerksamkeit Marburger Bürger auf sich ziehen wollten. Eine Gruppe überkleidete die Schule mit einer Folie, wieder andere organisierten einen Abiturientenball. Unser Jüngster gehörte auch zu den Glücklichen, die ihre Prüfung mit Erfolg bestanden hatten, und so überlegte Daniel, welchen Beitrag er zu diesem langersehnten Ereignis leisten könnte. Er gestaltete mit einigen Klassenkameraden einen Abiturgottesdienst für Schüler, Eltern und Lehrer. Die Predigt stellte er unter das Gotteswort: „Jesus Christus gestern, heute und derselbe auch in Ewigkeit.“

In schlichten Worten dankte er Gott für all das Schöne, das er in seiner Schulzeit erlebt hat. Er erzählte von den herrlichen Klassenfahrten nach Sylt und England. Er erwähnte den Skikurs in Italien. Aber dann fuhr er fort: „Mein schönstes Erlebnis erfuhr ich nicht während der

Schule, sondern in den Ferien. Es war Ostern auf einem Schülerkongreß, als ich mich entschloß, Christus nachzufolgen. Auf dieser Tagung in Osnabrück gelobte ich Jesus die Treue. Dies war mein schönster Tag, und ich war bereit, fortan im Einklang mit meinem Schöpfer zu leben. So danke ich meinem Vater im Himmel für dieses herrliche Geschenk und lobe ihn!"

Auch wir als Eltern wurden neu dankbar, daß unser Sohn sehr früh in die Lebensgemeinschaft mit Christus gekommen war.

Hier in unserem Text sind es Johannes und Andreas, die Jesus in die Herberge folgen und dann ganz bewußt zu Jesus ja sagen. Sie sind so von dem neuen Wunder, der Wiedergeburt, erfüllt, daß sie darüber reden müssen. Es drängt sie in ihrem Innern, ihren Brüdern zu sagen, daß sie bei Jesus das Heil erlebten. Der Messias ist ihnen begegnet, nichts Größeres hätte ihnen widerfahren können. Johannes läuft zu seinem Bruder Jakobus, um ihm diese Neuigkeit zu überbringen. Und Andreas findet seinen Bruder Simon. Voller Jubel verkündigt er ihm: „Wir haben den Messias gefunden, komm und sieh es!"

Können wir es nachempfinden, welch großartiges Ereignis sich in dieser schlichten Herberge abgespielt hat? Schon auf den ersten Blättern der Bibel ist der Messias angekündigt worden. Die Propheten haben in vielen Verheißungen auf das Kommen des Messias hingewiesen. Und nun dürfen diese ersten Jünger Zeugen des wunderbaren Geschehens werden. Es ist Gnade, in die Berührung mit dem Messias, dem Heiland der Welt, zu kommen. So werden Andreas und Johannes zu Missionaren. Ihre Brüder sollen erfahren, wer Jesus ist.

Es war kurz nach dem Fall Stalingrads. Jeder Soldat versuchte, diesem Todeskessel zu entkommen. Im Schnee lag ein schwerverwundeter Landser. Eine Granate hatte ihm den Unterschenkel weggerissen. Nun sieht er, wie ein Leutnant seiner Kompanie an ihm vorüberläuft. Er erkennt seine Chance und ruft mit letzter Kraft: „Kamerad, nimm mich mit!“ Der Leutnant kann diesen Hilfeschrei nicht einfach überhören, er packt den Verwundeten auf seinen Rükken und schleppt ihn bis zum nächsten Verbandsplatz. So wird das Leben des jungen Soldaten gerettet, und einer Mutter wird der Sohn neu geschenkt.

„Kamerad, nimm mich mit!“ Diesen Ruf sollten wir alle hören und unseren Bruder oder unsere Schwester vom Tod ins Leben mit Jesus führen. Das ist unser Auftrag.

Treibt uns die Tatsache noch um, daß Menschen ohne Christus ewig verloren gehen? Sind wir missionarisch eifrige Leute, die den Bruder vom ewigen Verderben retten wollen? Oder geben wir uns damit zufrieden, daß wir selbst gerettet sind und die Gotteskindschaft erfahren dürfen? Die Sorge um den verlorenen Bruder sollte uns Tag und Nacht vor Augen stehen. Wir müssen sein Elend an unserer Seele empfinden, müssen sein Leid erkennen und dann mutig zupacken und unsern Bruder retten.

„Kamerad, nimm mich mit!“ Dieser Hilferuf sollte uns im Ohr klingen.

Hier in unseren Versen ist es der leibliche Bruder, der Simon zu Jesus führt. Durch Andreas, seinen Bruder, wird Simon ein Jünger. Jesus sieht ihn an und spricht zu ihm: „Du bist Simon, aber du sollst Kephas heißen, sollst der Fels sein, auf den ich die Gemeinde bauen will.“ Mit dem Bruder fängt Jesu Wirken im Leben des Petrus an.

Ob sich solch wunderbares Geschehen auch heute noch ereignet?

Es war an einem Erntedankfest in unserer Gemeinde. Jugendliche gaben Zeugnis, wie sie zu Jesus gefunden haben. Es war für mich schon bewegend, als auch unser Sohn aufstand, ans Podium trat und berichtete: „Ich war 15 Jahre alt und merkte, wie bei mir manches schief lief. Mir fehlte der Zug hin zu Jesus, und so wurde mein Bibellesen und Beten immer dürftiger. Ich hatte eine Reihe von Freunden, Jungen und Mädchen, und den größten Teil meiner Freizeit verbrachte ich mit ihnen. Die Schule vernachlässigte ich sträflich. Ich war zum Saisonarbeiter geworden.

Meine Leistungen wurden immer miserabler. Als sich die Versetzung näherte und ich mein Zeugnis in der Hand hielt, beschlich mich nur die eine Frage: Was werden meine Eltern dazu sagen? Mir war ganz mulmig. Ich hatte zwar das Klassenziel erreicht, aber meine Noten waren katastrophal. Die Haltung meiner Eltern überraschte mich. Sie schauten sich die Zensuren an, sahen die vielen Vierer – einige waren sogar mit einem Minus versehen – und sagten kein Wort. Ich machte mich schnellstens aus dem Staub, denn ich hatte Angst, einige Ohrfeigen einstecken zu müssen. Zwei Stunden später trottete ich vom Fußballplatz wieder nach Hause. Ich fühlte mich richtig elend. Meine Eltern empfingen mich schon an der Haustür. Ihre Anweisungen waren knapp und bündig: ‚Junge, so kann das mit dir nicht weitergehen. Dieses Mal bist du noch mit einem blauen Auge davongekommen, aber im nächsten Jahr bleibst du sitzen, wenn sich nicht grundlegend etwas bei dir ändert. Es wird Zeit, daß du das Arbeiten lernst. Wir haben beschlossen, dich nach Amerika zu schicken, damit du deine blamablen Leistungen in Englisch wieder wett machst. Dein älterer Bruder arbeitet dort schon in einem Kinderlager. Du wirst drüben bei einem Farmer mithelfen. Wir sagen unseren Urlaub ab, um dir eine Chance zu geben. Mach das Beste daraus!'

Schläge hatte ich erwartet, und nun diese tolle Überraschung. Ich kam aus dem Staunen nicht mehr heraus. Amerika war schon lange das Ziel meiner Träume, und nun sollten sie sich erfüllen.

So flog ich nach Amerika und mußte tüchtig schuften: Scheunentore anstreichen, Gras mähen, das Vieh füttern, Stroh einfahren. Nur bei einem Bauern kann man so gut arbeiten lernen und die Faulenzerei überwinden.

Am Ende des sechswöchigen Aufenthalts durfte ich zur Entlohnung ein paar Tage an einer Freizeit in Kanada teilnehmen.

Nach einer Bibelarbeit saßen wir am Lagerfeuer an einem See. Da sprach mich mein älterer Bruder an: ‚Sag mal, wie stehst du zu Jesus?' Diese Frage ließ mich nicht mehr los. Sie bewog mich, mich dort in Kanada an Christus auszuliefern und mich radikal zu ändern. Der Umgang mit meinen Freunden wurde neu von Jesus bestimmt. Er suchte mir meine Kameraden aus. Jesus wachte auch über meinen Schularbeiten, und ich habe nie mehr einen blauen Brief bekommen. Das Gegenteil war der Fall: meine Leistungen zeigten eine aufstrebende Kurve."

Soweit das Zeugnis unseres Sohnes. Mich aber machte es im Innersten froh, daß ein Bruder dem Bruder den Weg zu Jesus wies, wie bei Andreas und Petrus.

Wenn blinde Augen aufgetan werden

Und sie kamen nach Jericho. Und als er aus Jericho wegging, er und seine Jünger und eine große Menge, da saß ein blinder Bettler am Wege, Bartimäus, der Sohn des Timäus.
Und als er hörte, daß es Jesus von Nazareth war, fing er an zu schreien und zu sagen: Jesus, du Sohn Davids, erbarme dich meiner!
Und viele fuhren ihn an, er solle stillschweigen. Er aber schrie noch viel mehr: Du Sohn Davids, erbarme dich meiner!
Und Jesus blieb stehen und sprach: Ruft ihn her! Und sie riefen den Blinden und sprachen zu ihm: Sei getrost, steh auf! Er ruft dich!
Da warf er seinen Mantel von sich, sprang auf und kam zu Jesus.
Und Jesus antwortete und sprach zu ihm: Was willst du, daß ich für dich tun soll? Der Blinde sprach zu ihm: Rabbuni, daß ich sehend werde.
Jesus aber sprach zu ihm: Geh hin, dein Glaube hat dir geholfen. Und sogleich wurde er sehend und folgte ihm nach auf dem Wege.

Markus 10,46-52

Es ist die letzte Wegstrecke Jesu von Jericho nach Jerusalem. Und auf diesem Weg vollbringt unser Herr Jesus ein besonderes Wunder. Letzte Wege sind meist auch besondere

Wege. Sie mögen steil und beschwerlich sein, aber sie können doch vom Glanz Gottes und seiner herrlichen Machtfülle überstrahlt werden. Sicher kennen wir auch Menschen, die sich auf der letzten Wegstrecke befanden. Vielleicht haben wir sie betreut und betend begleitet. Ich kenne einige Männer und Frauen, die ich seelsorgerlich in ihren letzten Erdentagen betreuen durfte.

Aber heute will ich nicht von ihnen erzählen, sondern von einem anderen. Ich will von Johannes Busch, diesem gesegneten Jugendpfarrer berichten. Er stand in der Mitte seines Lebens. Reisen gehörte zu seinem Auftrag. Er war von Gott berufen, das Evangelium vor allen Dingen jungen Menschen zu verkünden. Jede Mühe nahm er auf sich, wenn nur Jesus Christus verkündigt würde. Ob er je selbst gewußt hat, wieviel Kilometer er im Zug oder Auto oder auch zu Fuß zurückgelegt hat, um seinem Dienstauftrag nachzukommen? Ich glaube nicht. Er war weit über Deutschlands Grenzen hinaus ein bekannter Evangelist.

Und dann schickte Gott seinen Boten auf die letzte Reise seines Lebens. Auf einer Fahrt nach Trier zu nächtlicher Stunde geschah ein schrecklicher Unfall. Unger, sein Chauffeur, saß am Steuer, und so konnte sich Johannes Busch auf seinem Sitz zum Schlafen hinlegen. Da kommt auf der einsamen Straße ein schwerer Wagen herangebraust. Ein junger Mann fährt von einer Karnevalsfeier nach Hause. Er hat eine Menge Alkohol getrunken. Mit voller Wucht rast der Wagen auf der falschen Straßenseite in das kleine Auto von Busch hinein. Der Wagen des jungen Mannes überschlägt sich und bleibt mit den Rädern nach oben liegen. Dem Fahrer ist nichts passiert. Er kriecht aus den Trümmern seines Autos heraus und geht auf den demolierten Wagen Buschs zu. Er ist ganz erschrocken, als er sieht, daß der Fahrer tot am Steuer sitzt. Die Steuersäule hat ihm das Genick gebrochen. Da packt ihn das Grausen, und er flieht in die nahen Weinberge. Johannes Buschs Wagen steht verlassen, quer auf der einsamen Straße.

Nach einer halben Stunde wacht Johannes Busch aus der

Bewußtlosigkeit auf. „Wo sind wir? Warum fahren wir nicht weiter?“ Im fahlen Mondlicht sieht er, daß sein Freund Unger tot ist. Er selbst verspürt einen rasenden Schmerz im Bein. Er will aus dem Wagen herausspringen, aber es geht nicht. So muß er untätig warten, bis endlich ein anderes Auto kommt und eine Hilfsaktion gestartet wird.

Johannes Busch wird ins Krankenhaus gebracht. Sein rechtes Bein ist mehrmals gebrochen. Als er erfährt, daß er wohl einige Wochen liegen muß, sagt er einem Freund ganz bedrückt: „Weißt du, es ist schwer, daß ich jetzt wochenlang hier liegen muß, wo die Arbeit an allen Ecken und Enden drängt. Aber das kann ich noch ertragen. Doch daß mein Chauffeur Unger tot ist, damit werde ich überhaupt nicht fertig.“

Doch Gott schenkt ihm auf dem langen Krankenlager Tröstung. Das Licht des Wortes geht über ihm auf. Gott führt seinen fleißigen, eifrigen Knecht in eine große Stille. Jeder Tag ist voller Schmerzen, Not und innerer Kämpfe, aber Johannes Busch wird auch von wunderbaren Tröstungen getragen.

Als er wieder einmal in großer Schwachheit und Verzagtheit mit seinen bohrenden Schmerzen kaum fertig wird, hört er im Radio eine Bachkantate. Machtvoll ertönt der Schlußchoral:

„Gott hat es alles wohlgemacht
und alles, alles recht gemacht!
Gebt unserm Gott die Ehre!“

„Das Lied hat mich so erquickt“, erzählt er in einem Brief, „ich fühlte mich wie im Himmel.“ So sorgte Gott für seinen leidenden Boten.

Nach der Operation fängt das Bein an zu eitern. Johannes Busch geht durch grauenvolle Schmerzen und Qualen. Das Bein ist nicht mehr zu retten. Es muß amputiert werden. Als sein Bruder ihn besucht, sagt er: „Gestern war ich ganz verzweifelt. Jetzt bin ich ein Krüppel. Als Krüppel kann ich doch keine Jugendarbeit mehr machen. Ich mußte daran denken, wie ich im letzten Jahr in der Schweiz war. Jetzt werde ich nie mehr mit meinen Kindern auf einen Berg steigen können. Ich werde nie mehr wandern können. Kannst du dir denken, daß ich ganz verzweifelt war? Auf einmal fiel mir das Bibelwort ein: ‚Gott hat seines eigenen Sohnes nicht verschont, sondern hat ihn für uns alle dahingegeben. Wie sollte er uns mit ihm nicht alles schenken?' Da wurde mir die Gabe Gottes in Jesus so groß, daß ich mir selber sagen mußte: Gott hat so viel für dich getan, wie willst du Narr wegen eines lumpigen Beines klagen und jammern?"

So ging der vitale Mann durch manch inneren Kampf. Trotz der Amputation war sein Leben nicht mehr zu retten. Die Eiterung ging weiter, die Schmerzen steigerten sich ins Unerträgliche. Trotzdem konnte Johannes Busch sagen: „Die schrecklichen Schmerzen, das ist nur äußerlich. Innerlich bin ich ganz fröhlich."

Gott hatte beschlossen, seinen treuen Diener heimzuholen, damit er auf ewig bei ihm sei. Letzte Wege sind beeindruckende und bedeutsame Wege. Auch unser Herr Jesus bereitete sich vor, seiner Opferung am Kreuz entgegenzugehen. Und doch dachte er auf diesem Weg nicht an sich selber, sondern befand sich im Einklang mit dem Willen Gottes. So handelte er vollmächtig und half einem Blinden zum Lebenslicht. Blind sein, das ist ein schreckliches Schicksal. Blind sein engt den Lebensraum ein. Blind sein macht einen Menschen von andern abhängig. Wieviel entgeht einem Menschen, wenn er das Augenlicht verloren hat.

Ich hatte eine blinde Freundin. Wir gingen zusammen in den Konfirmandenunterricht. Marianne war ein lebenslustiges, frohes Mädchen. Und dann setzte eines Tages bei ihr eine böse Augenerkrankung ein. Sie war gerade 14 Jahre alt und lag wegen des grünen Stars in einer Klinik. Sie ahnte noch nicht, welches Unheil ihr bevorstand. Gewiß, die Augen schmerzten, aber das war noch zu ertragen. Abends ging sie sehend zu Bett, und als sie am Morgen aufwachte, wunderte sie sich. Zur Krankenschwester sagte sie: „Warum macht denn keiner die Rolläden hoch? Ist es denn noch nicht Tag?“ In diesem Augenblick durchfuhr die Krankenschwester ein furchtbarer Gedanke. Sie wußte, dieses Mädchen würde für immer blind sein. Sie eilte zur Tür, um den Arzt zu rufen. Nein, diese Hiobsbotschaft vermochte sie der Kleinen nicht zu sagen.

Als Marianne begriff, welch entsetzliches Schicksal sie ereilt hatte, schrie sie in aufbäumendem Schmerz laut auf: „Sehen will ich, ich will nicht blind sein!“

Die Ärzte gaben ihr ein Beruhigungsmittel, um ihr über den ersten Schock hinwegzuhelfen. Aber die Verzweiflung kam wieder. Nie mehr würde sie eine Rose sehen, nie mehr ihrem Kätzchen nachjagen, nie mehr mit ihrem Rennrad unterwegs sein können, nie mehr auf Berggipfel klettern können. Diese trüben Aussichten ließen sie resignieren. Sie verfiel in Schweigen, aß kaum noch etwas und vernachlässigte ihr Äußeres. Sie wurde aus der Augenklinik entlassen, nachdem die Ärzte wußten, daß eine weitere Operation die Sehkraft nicht wiederherstellen würde. In Friedberg besuchte sie fortan die Blindenschule. Im Zusammenleben mit andern Blinden stabilisierte sich ihr Gemütszustand. Das Leben ging weiter. Freundinnen nahmen sie mit in den Jugendkreis. Dort lernte sie andere Christen kennen und wurde selbst bereit, ihren Willen Christus unterzuordnen. Es war für mich bewegend, als sie mir auf einem Spaziergang erzählte: „Weißt du, Lotte, wenn einmal in der Ewigkeit meine blinden Augen aufgetan werden, dann werde ich zuallererst Jesus, meinen Heiland, sehen. Diesem Augenblick lebe ich entgegen.“

Ob wir durch diesen Erfahrungsbericht ahnen, wie schwer ein solches Schicksal auch für Bartimäus zu ertragen war? Er saß da im Staub einer Landstraße und bettelte. Er hatte früher bessere Zeiten gekannt, als er noch zur Arbeit ging und für seine Familie den Broterwerb sicherte. Für seinen alten Vater und seine Geschwister hatte er noch sorgen können, aber nun war er von Menschen abhängig, die ihm ein paar milde Gaben zukommen ließen. Wenn ihm vorbeiziehende Wanderer etwas in seinen Schoß warfen und die Geldstücke klimperten, freute er sich. Kam keiner vorüber, der ihm die Hand füllte, dann blieb sein Magen leer, und er mußte hungern. Diese besseren Tage, die er gesehen hatte, weckten in ihm traurige Erinnerungen und schufen ihm Leid. Und doch war in seinem Innersten ein Funke von Hoffnung aufgekommen. Von Jesus hatte Bartimäus gehört. Der Gottessohn war vom Himmel auf diese geschundene Erde gekommen, um den Menschen das Heil zu bringen. Nun ging Jesus über die Straßen Palästinas, und wo er mit Not in Berührung kam, da geschahen herrliche Wunder. Lahme konnten wieder gehen, Taube hören, Tote wurden zum Leben erweckt, Hungrigen half er mit dem Wunder der Brotvermehrung. Jesus Christus war die Hoffnung von vielen und auch seine Hoffnung. Von Monat zu Monat, von Tag zu Tag, von Stunde zu Stunde saß er da am Wegrand und hoffte auf den Messias, der gekommen war, das Himmelreich auf dieser Erde aufzurichten.

Und plötzlich hört er Schritte. Sie sind noch weit weg. Dann werden sie lauter. Es müssen viele Menschen sein, die da auf ihn zukommen. Bartimäus wird unruhig. Er fragt Vorübergehende: „Was ist denn los? Wer kommt denn da?"

„Es ist Jesus Christus. Eine Volksmenge begleitet ihn. Er zieht nach Jerusalem." Nun ist für Bartimäus die Stunde gekommen, seine Sternstunde. Er springt auf vom Staub der Straße, hebt die Arme schützend vor sich hin, tastend und suchend läuft er der Volksmenge entgegen. Aus Leibeskräften schreit er: „Jesus, du Sohn Davids, erbarme dich meiner!"

Die Herumstehenden sind über den Blinden entsetzt. „Was schreist du denn so? Weißt du denn nicht, wer hier vorüberzieht? Sei still, sonst schlagen wir dir eins aufs Maul!"

Aber Bartimäus läßt sich nicht einschüchtern. Diese Chance darf ihm nicht entgehen. Noch lauter als zuvor ruft er: „Jesus, Jesus, erbarme dich meiner!“

Solche Leute, die aufrichtigen Herzens nach ihm rufen, ja sogar schreien, sind Jesus recht. Jesus sehnt sich nach Menschen, die von ihm alles erwarten und die sich durch nichts von ihm abhalten lassen. Wie heißt es in einem Psalmwort? „Rufe mich an in der Not, so will ich dich erretten, und du sollst mich preisen!“

Hier ist ein Mann in Not, in schrecklicher Not, und er handelt nach diesem Gebot. Voller Vertrauen läuft er dem Heiland entgegen. Er weiß nicht, wo Jesus steht, aber er macht sich auf den Weg. Und nun wird das liebevolle Handeln unseres Herrn deutlich. Er bleibt stehen und läßt den Blinden zu sich rufen. Nicht schnell genug kann nun Bartimäus zu Jesus kommen. Sein langes Obergewand hindert ihn am Laufen. Er streift es ab und wirft es an den Straßenrand. Er eilt zu Jesus hin. Nichts, gar nichts darf ihn nun hindern. Er will unter allen Umständen zu Jesus hin.

An der Stelle will ich innehalten und von Matthias berichten. Im Oktober 1991 war ich nach Tirol eingeladen. Für acht Tage sollte ich in Meran und Umgebung das Evangelium verkündigen. An einem Abend fuhr ich mit dem Missionar in ein Seitental. Dort sollte ich einen Vortrag über Ehe und Familie halten. Es wunderte mich schon, daß außer zwei Frauen nur junge Männer anwesend waren. Vielleicht müssen die Mütter die Kinder hüten, dachte ich. Am Schluß der Veranstaltung erfuhr ich, daß ich meinen Vortrag vor lauter Junggesellen gehalten hatte. Noch nie habe ich mich so unglücklich gefühlt wie damals in Tirol. Das Thema schien gänzlich verfehlt gewesen zu sein. Ehe und Familie, wie sollte dies zu den Junggesellen passen? Und doch wurde für einen dieser Naturburschen der Abend zur Lebenswende, zu einem Fragen nach Christus. Seine Augen, die bisher für die Tat Jesu am Kreuz verschlossen waren, wurden ihm geöffnet. Er fand an diesem Abend Jesus Christus.

Mit einer etwas seltsamen Frage kam er auf mich zu. „Lotte, kannst du sagen, wie ich die rechte Frau finden könnte? Weißt du, auf was ich da zu achten hätte?"

Mich störte es nicht, daß er mich mit dem Vornamen und mit du anredete. In dieser Gegend ist dies so üblich, und so stellte ich mich schnell auf ihn ein.

„Matthias, stell mir bitte eine leichtere Frage", lächelte ich ihn an. Aber für ihn war dies eine drängende Frage. Er suchte nach einer Partnerin, die bereit war, mit ihm durch dick und dünn zu gehen. Er brauchte auch für seine kleine Landwirtschaft und seinen handwerklichen Beruf eine Frau, die sich die Arbeit mit ihm teilte.

Ich versuchte, so gut ich es vermochte, auf sein Problem einzugehen. Am Schluß aber wies ich darauf hin, daß es für eine Ehe unerläßlich ist, auch im Glauben eins zu sein. Das gibt dann ein tragfähiges Fundament, wenn zwei miteinander beten können. Eine lebenslange Bindung ist nicht frei von Konflikten, aber wenn einer dem andern in Jesu Namen verzeihen lernt, dann finden beide Eheleute auch wieder zueinander. Die Liebe zu Christus und die Bindung an ihn sind für eine christliche Ehe unerläßlich.

Als er mich etwas erstaunt anschaute, fragte ich ihn: „Matthias, wie stehst du zu Jesus? Ist er schon dein Herr und Heiland?"

Nun wurden die Augen noch größer.

„Ja, ist dies denn möglich, in einer so engen Beziehung zum Gottessohn zu stehen? Er thront doch im Himmel, und ich lebe auf der Erde."

Nun war ich erst recht gefordert. Es ging jetzt nicht mehr um die Verbindung zweier Menschen, sondern um die Verbindung eines Menschen mit Jesus, dem Gottessohn. Ich zeigte Matthias auf, wie groß die Liebe Jesu Christi zu uns Menschen ist. Er kam von Gott auf unsere Erde und hatte nur das eine Ziel, wie er uns Menschen versöhnen könnte. Er starb am Kreuz, gab sein Leben für uns, damit wir wieder zu Gott Vater sagen könnten. Jesus will unser Heiland sein, unser Erlöser. Ganz direkt sprach ich ihn an: „Matthias, wenn du zu Jesus ja sagen willst, dann können wir niederknien und zu ihm beten. Willst du diese Lebensverbindung zu Christus eingehen?"

„Ja!" kam klar die Antwort von seinen Lippen. „Aber beten kann ich nicht, ich habe noch nie in meinem Leben gebetet."

„Das macht nichts, Matthias. Ich werde dir ein Gebet vorsprechen, und du kannst es zu deinem Gebet machen. Zum Glauben an Jesus Christus zu kommen, ist keine problematische Sache. Wer einfältig wie ein Kind zu ihm kommt, den nimmt er an und macht ihn zum Himmelsbürger. Jesus kennt dich, und er freut sich, wenn du ihm vertraust."

Dann kniete ich neben dem baumlangen Bauernburschen nieder, und zum ersten Mal rief er aus der Not seiner Seele diesen Herrn an.

Die Verheißung wurde wahr: „Wer den Namen des Herrn anrufen wird, der wird errettet werden." Wie der blinde Bartimäus rief Matthias: „Jesus, du Sohn Davids, erbarme dich meiner!" Das ist das Geheimnis eines neuen Lebens. Jesus Christus hört solches Rufen und antwortet, indem er sich uns selbst gibt.

Hier wird ein Blinder sehend. Das Heilungswunder geschieht. Aber die Großen und Mächtigen gehen achtlos an diesem Heiland vorüber. Sie erkennen ihn nicht an, ja, sie werden ihn in wenigen Tagen gefangennehmen, quälen, foltern und schließlich ans Kreuz schlagen. Dafür werden sie einmal Rechenschaft ablegen müssen. Der Schwache, Blinde, Kranke, Elende aber empfängt das Heil und das ewige Leben dazu.

„Was willst du, das ich dir tun soll?" fragt Jesus. Er steht vor diesem Mann. Jesu Augen strahlen Reinheit, Wärme und Liebe aus. Die Augen dieses Mannes aber sind dunkel, ja tot.

„Sehen will ich können", ist seine knappe Antwort. Er will ins Licht, er will, daß die Dunkelheit weicht, er will raus aus diesem elenden Dasein eines blinden Bettlers. Sehen will er, nur sehen. Dem Gottessohn traut er seine Heilung zu. Und dann geschieht das Wunder. „Gehe hin, dein Glaube hat dir geholfen!“ ist Jesu vollmächtiges Wort.

Der Glaube ist der Sieg, der die Finsternis überwindet. Der Glaube allein rettet und läßt ein Leben hell und strahlend vor Freude werden. Ach, wie hat Bartimäus laut gejubelt, als es in ihm und um ihn hell wurde. Da ist ein Baum, da sind Menschen, da sehe ich den Himmel und die Wolken und die Sonne!“

Diese Freude können wir Sehenden kaum nachempfinden. Aber noch mehr ist ihm das Herz weit geworden, als er seinen Heiland und Retter sieht. Jesu Augen strahlen Verstehen, Erbarmen, Liebe aus. Diesen Augen kann er vertrauen. Er will nur noch eins: In Jesu Nähe leben und ihm dienen.

Wie viele Menschen nach Bartimäus haben dieses Heilungswunder erfahren und wurden sehend, im Herzen sehend.

Einem Mann wie Martin Luther ging ein helles Licht auf, als er begriff: „Allein aus Gnaden bin ich gerettet!“ Man kann sich den Himmel nicht mit Beten, Fasten, Kasteien und Dienen erobern, nein, Gnade muß es sein. Allein der Glaube an Jesus versöhnt uns mit dem Vater im Himmel.

Wie der große Erweckungsprediger Spurgeon zu einem Sehenden wurde, das will ich im folgenden berichten. Spurgeon erzählt:

„Und dann kam ein Tag, ein bemerkenswerter Tag, der sich für immer in meinem Gedächtnis eingraben wird. Ich sah meinen Freund, Jesus Christus, am Kreuz hängen. Ich bückte mich in traurigem Entsetzen nieder und schaute ihn an. Ich sah, daß seine Hände mit großen Nägeln durchbohrt worden waren, auch seine Füße. Auf seinem toten Antlitz stand das Elend, so schrecklich, daß ich kaum wagte, ihn anzuschauen. Sein Körper war ausgemergelt, sein Rücken rot von blutigen Striemen, sein Haupt hatte rundherum Wunden, die Dornenkrone hatte sich tief eingedrückt. Ich erschauderte, denn ich begriff, ich war mitschuldig, daß Jesus an das Fluchholz gebracht worden war.

So machte ich mich auf die Suche nach dem Evangelium, und es war das gepredigte Wort, das mich errettete.

Vielleicht würde ich heute noch in Dunkelheit und Verzweiflung leben, hätte Gott in seiner Güte damals nicht einen Schneesturm gesandt, der mich auf dem Weg zum Sonntagsgottesdienst überraschte. Ich suchte in einer Kapelle der Methodisten Zuflucht. Darin saßen ungefähr 15-20 Menschen. Ich hatte von den Methodisten gehört, daß sie so laut singen würden, daß man Kopfschmerzen davon bekäme. Aber das störte mich nicht. Ich wollte wissen, wie ich gerettet werden könnte, und wenn sie mir das sagen konnten, dann waren mir die Kopfschmerzen egal.

An diesem Morgen kam der Prediger nicht. Vermutlich war er auch eingeschneit. Schließlich stand ein sehr schmaler Mann auf und ging nach vorne auf die Kanzel, um zu predigen. Dieser Mann war schlicht und einfältig. Er mußte bei seinem Text bleiben, der hieß: ‚Schaut auf mich, und ihr werdet gerettet werden, all ihr Enden der Erde.'

Und er predigte: ‚Meine lieben Freunde! Dies ist in der Tat ein sehr einfacher Text. Er sagt: Schaut! Nun ist Schauen nicht allzu schmerzhaft und anstrengend. Du mußt nicht einmal deinen Finger oder deinen Fuß dafür heben. Nur schauen! Nun, ein Mensch muß nicht zur Universität gehen, um sehen zu lernen. Du kannst der größte Trottel sein, und trotzdem kannst du sehen. Ein Mensch muß nicht Tausende im Jahr verdienen, um sehen zu können. Jeder kann sehen, sogar ein Kind kann sehen. Aber dann sagt der Text: Schaut auf mich! Nun, viele schauen auf sich selbst, aber das hat keinen Sinn. Ihr findet keinen Trost in euch selbst. Ich sage euch: Schaut auf Christus! Jesus sagt: Schaut auf mich! Schaut auf mich, ich hänge am Kreuz! Schaut auf mich, ich bin tot und begraben worden! Schaut auf mich! Ich bin wieder auferstanden! Schaut auf mich! Ich bin gen Himmel gefahren. Schaut auf mich! O Sünder, schaut auf mich! Schaut auf mich!'

Zehn Minuten predigte er auf diese Weise. Dann sah er mich auf der Galerie sitzen. Er richtete seine Augen auf mich, als würde er mein ganzes Herz kennen. Dann sagte er: ‚Junger Mann, Sie werden immer elend sein, elend im Leben und elend im Sterben, wenn Sie diesem Vers nicht gehorchen. Aber wenn Sie jetzt, in diesem Augenblick gehorchen werden, dann werden Sie gerettet werden.'

Dann rief er mit aufgehobenen Händen: ‚Junger Mann, schau auf Jesus Christus! Du mußt nichts tun, als nur zu schauen. Dann wirst du leben!'

Plötzlich erkannte ich den Weg der Erlösung. Ich hatte erwartet, fünfzig Dinge tun zu müssen, aber als ich dieses Wort hörte: ‚Schau!', da kam es mir vor wie das schönste Wort der Welt. Ach, ich hätte mir die Augen aus dem Kopf schauen können. Die Dunkelheit wich, der Schleier fiel mir von den Augen, ich sah die Sonne. Meine Ohren haben gehört, und mein Herz hat erlebt, Christus ist der eingeborene Sohn des Vaters. Er ist Gott, denn er tat für mich, was nur ein Gott tun kann. Er unterwarf sich meinen störrischen Willen, er schmolz mein steinernes Herz, er brach die stählernen Ketten, er öffnete die Gefängnistore und eisernen Riegel, er hat mein Weinen in Lachen verwandelt und meine Verzweiflung in Freude. Er hat meine Gefangenschaft beendet und erfüllt mein Herz mit unbändiger Freude. Gesegnet sei sein heiliger Name! Ich war fünfzehn Jahre alt und wußte, mein Geliebter ist mein. Ich war sehend geworden, mit dem Herzen sehend."

Und nun geschah bei Spurgeon genau das, was bei dem ehemals blinden Bartimäus geschah. Aus großer Dankbarkeit über das wiedergewonnene Augenlicht folgt Bartimäus Jesus nach und dient ihm. Das ist Jüngertreue und Jüngerdienst.

Für Spurgeon begann mit der Stunde der Bekehrung der Einsatz für Gott. Er schreibt: „Ich kann nicht vergessen, wie ich eines Tages an das Bett eines jungen Mannes aus meiner Sonntagsschulklasse trat. Mit seinen kaum siebzehn Jahren war er schon Alkoholiker. Er hatte sich fast zu Tode getrunken. Ich sah ihn an und versuchte, ihm vom Heiland zu berichten, und hörte dabei das Todesröcheln in seiner Kehle. Als ich die Treppe wieder hinunterstieg, hielt ich die Menschen für Narren, die zu allem fähig sind, nur nicht dazu, sich aufs Sterben vorzubereiten. Ich sah unterwegs die Droschkenkutscher, die Geschäftsleute, die Verkäufer und dachte: Welche Narren! Sie rackern sich ab, ohne sich auch nur mit einem Gedanken damit zu beschäftigen, was sie einmal in der Ewigkeit tun werden. Und am närrischsten fände ich mich selbst, wenn ich nicht sterbende Sünder auf den lebendigen Christus hinweisen und sie einladen würde, auf sein kostbares Blut zu vertrauen."

Seine erste Predigt hielt Spurgeon in einem strohgedeckten Landhaus, wo sich einige Bauern mit ihren Frauen versammelten. Er erinnert sich daran: „Wir sangen, beteten und lasen die Heilige Schrift: ‚Für euch aber, die ihr glaubt, ist Christus köstlich.' Ich hatte große Angst, aber brachte doch noch alles zu einem guten Ende. Gegen Schluß fragte mich eine ältere Frau: ‚Gott segne dich, mein lieber Junge. Wie alt bist du?'

Ich gab zur Antwort: ‚Unter sechzig.'

‚Jawohl, und auch unter sechzehn', war die Erwiderung der alten Dame.

Ich war von Gott zum Dienst berufen. Ich mußte predigen. Das Wort brannte wie Feuer in meinen Knochen. Freunde haben mir abgeraten, Gegner haben mich kritisiert, Spötter haben mich verächtlich gemacht, aber ich hatte den Ruf des Himmels gehört und mußte predigen. Gottes Wort war wie Feuer, das in mir brannte.

Hätte jemand zu mir gesagt: Da hat einer 2000 Pfund für Sie hinterlassen, ich hätte dafür nicht einmal mit dem Finger geschnippt, verglichen mit der Freude, die ich fühlte, als ich erfuhr, daß ein Mensch durch meine Verkündigung aus dem Tode zum Leben gerufen wurde.

Es war die Frau eines armen Arbeiters. Sie ging getroffen von der Predigt vor zwei oder drei Sonntagen betrübten Herzens nach Hause und hatte großen Kummer um ihre

Seele. Aber dann hat sie Frieden gefunden und wollte mit mir sprechen. So fuhr ich in ihr Dorf zu meinem ersten geistlichen Kind.

Ich sehe noch die Kate vor mir, in der sie wohnte. Ich fühlte mich wie ein kleiner Junge, der sein erstes Taschengeld bekommen hat, oder wie ein Taucher, der eine seltene Perle hochbringt. Ich freue mich über jeden, den Gott mir gegeben hat, aber über diese Frau freue ich mich noch immer am meisten. Ich habe viele geistliche Kinder, die aufgrund des gepredigten Wortes von neuem geboren wurden, aber ich denke, diese Frau war die beste von allen. Sie lebte danach nicht mehr lange. Nach ein oder zwei Jahren ging sie heim, als erste einer großen Schar, die ihr folgte. Ich erinnere mich, wie sie starb und in den Himmel ging. Sie war für mich eine solche Kostbarkeit. Keine Mutter hätte über ihr Erstgeborenes glücklicher sein können. Ich hätte in den Lobgesang der Maria einstimmen können, denn meine Seele erhob den Herrn, der sich meiner Niedrigkeit erbarmt und mich gewürdigt hatte, etwas zu tun, wofür mich alle Geschlechter preisen würden. So bewertete und bewerte ich noch heute die Umkehr einer Seele. Ich gehe so weit zu behaupten, daß die Errettung einer Seele vom Tode das größte Werk auf Erden ist. Ich möchte lieber die ärmste Frau der Welt zu Jesu Füßen bringen, als Erzbischof von Canterbury sein."

Spurgeon erging es wie dem blinden Bartimäus. Er wurde sehend, erfuhr die Freude, daß Jesus sich seiner annahm. Aus lauter Dank diente er ihm ein Leben lang.

Sind wir Leute, die sehen, mit dem Herzen sehen?

Wenn ein Fischerboot zur Kanzel wird

Es begab sich aber, als sich die Menge zu ihm drängte, um das Wort zu hören, da stand er am See Genezareth und sah zwei Boote am Ufer liegen; die Fischer aber waren ausgestiegen und wuschen ihre Netze.
Da stieg er in eins der Boote, das Simon gehörte, und bat ihn, ein wenig vom Land wegzufahren. Und er setzte sich und lehrte die Menge vom Boot aus.
Und als er aufgehört hatte zu reden, sprach er zu Simon: Fahre hinaus, wo es tief ist, und werft eure Netze zum Fang aus!
Und Simon antwortete und sprach: Meister, wir haben die ganze Nacht gearbeitet und nichts gefangen; aber auf dein Wort will ich die Netze auswerfen.
Und als sie das taten, fingen sie eine große Menge Fische, und ihre Netze begannen zu reißen.
Und sie winkten ihren Gefährten, die im andern Boot waren, sie sollten kommen und mit ihnen ziehen.
Und sie kamen und füllten beide Boote voll, so daß sie fast sanken.
Als das Simon Petrus sah, fiel er Jesus zu Füßen und sprach: Herr, geh weg von mir! Ich bin ein sündiger Mensch.
Denn ein Schrecken hatte ihn erfaßt und alle, die bei ihm waren, über diesen Fang, den sie miteinander getan hatten, ebenso auch Jakobus und Johannes, die Söhne des Zebedäus, Simons Gefährten.

Und Jesus sprach zu Simon: Fürchte dich nicht! Von nun an wirst du Menschen fangen.
Und sie brachten die Boote ans Land und verließen alles und folgten ihm nach.

Lukas 5,1-11

Die Berufung des Petrus in die Jüngerschaft

Es ist eine einzigartige Kulisse, die sich uns in diesem Kapitel bietet. Vor uns liegt der herrliche See Genezareth, von hohen Palmen umgeben. Ihre Kronen bewegen sich im Säuseln des Windes und stimmen ein im Rauschen der Wellen. Hohe, schlank gewachsene Zypressen erheben sich über die Dächer von Kapernaum. Der Himmel ist klar und blau. Nur ab und zu zeigt sich eine weiße Wolke. Herrlich wölbt er sich über die Weite des Sees. Die Schönheit dieses Fleckchens Erde verzaubert die Menschen immer wieder aufs neue. Wenn schon die Schöpfung so großartig ist, wie groß muß dann erst der Schöpfer selbst sein.

Plötzlich aber wird die Beschaulichkeit der Natur von lauten, schrillen Stimmen durchbrochen. Eine Volksmenge schiebt und drängt sich in die Nähe eines Menschen, der Jesus heißt. Er lehrt das Wort von Gott, und sie sind ihm gefolgt, um das Reden Gottes zu vernehmen. Begierig, sehnsuchtsvoll, mit hohen Erwartungen haben sich diese Männer, Frauen und Kinder um Jesus geschart. Sie drängen sich stürmisch, ja geradezu rücksichtslos an Jesus heran. Seine Stimme wollen sie hören. Danach verlangt ihr Herz. Seine Worte klingen so ganz anders als die Reden der Schriftgelehrten und Pharisäer, und so schubst und schiebt einer den andern, damit ihm ja kein Satz entgeht.

Ach, wie sehr wünschte ich mir dieses innere Verlangen, diese frohe Erwartung, dieses neugierige Gespanntsein auf Jesus in unsern Tagen. Ich sehne mich nach einem Hunger, der die verlorenen Kinder des Vaters im Himmel in die

Arme des Heilands treibt. Ich möchte mein Ohr nur auf die eine Frage gerichtet sehen, die schon Martin Luther umgetrieben hat: Wie bekomme ich einen gnädigen Gott?

Aber in unserer Zeit werden die Menschen von ganz anderen Fragen bewegt. Soll ich uns einige aufzählen? Wie kann ich mich gegen Krankheit, Unfall, Alter absichern? Wo finde ich eine preisgünstige Wohnung in guter Luft und stiller, ländlicher Umgebung? Wie lege ich mein Geld gewinnbringend an, ohne daß das Finanzamt mich allzusehr schröpft? Wo finde ich einen Arbeitsplatz, einen Job? Wo kann ich herrliche Urlaubstage genießen und einmal richtig ausspannen? Wie finde ich wieder heraus aus dem Gestrüpp kleiner und großer Verletzlichkeiten?

Das alles sind wichtige, sogar sehr wichtige Fragen, die des Nachdenkens wert sind. Aber die allerwichtigste Frage ist damit noch nicht gestellt, die Frage nach dem Sinn dieses Lebens und wie bringe ich die Ewigkeit zu: Wie kann ich wieder in die Lebensgemeinschaft mit Gott kommen, wie kann ich als Geschöpf wieder zu meinem Schöpfer finden und mit Gott ausgesöhnt werden?

Auf diese brennende Frage weiß nur einer eine Antwort: Jesus, der Gottessohn.

Spurgeon, der große Erweckungsprediger, schreibt dazu: „Bist du schon einmal durch ein Dorf gegangen, das für seine Trunksucht und Gottlosigkeit bekannt ist? Hast du schon einmal arme, unglückliche Menschen gesehen, wie sie gegen die Pfosten der Kneipe gelehnt standen und durch die Straßen torkelten? Hast du schon einmal in die Häuser dieser Menschen geschaut und gesehen, was für Räuberhöhlen es sind, bei deren Anblick sich deine Seele sträubt? Hast du schon einmal die Armut, die Erniedrigung und das Elend ihrer Bewohner gesehen und darüber geseufzt? Ich hatte dieses Vorrecht. Ich kannte einmal ein solches Dorf. Vielleicht war es sogar eines der schlimmsten Dörfer Englands. In dieses Dorf ging ein junger Mann, der keine große Ausbildung hatte, aber der ernstlich die Seelen der Menschen dort suchte. Er begann zu predigen, und es gefiel Gott, diesen ganzen Ort auf den Kopf zu stellen. Innerhalb kurzer Zeit war die kleine, strohgedeckte Kapelle überfüllt. Die größten Taugenichtse des Dorfes fingen an, über sich zu weinen, und jene, die bisher der Fluch der Ortsgemeinde gewesen waren, wurden für sie zum Segen. Wo es bisher Raub und Schurkereien gegeben hatte, verschwanden diese, weil die Menschen, die sonst Unheil anrichteten, nun selber ins Haus Gottes kamen und sich freuten, als sie hörten, daß Jesus für sie gekreuzigt worden wäre. Ich übertreibe diese Geschichte nicht, auch spreche ich nicht von etwas, das ich selber nicht gut kenne, denn ich war es, der die Freude hatte, in diesem Dorf arbeiten zu dürfen."

Können Sie deshalb verstehen, daß ich mir nichts sehnlicher erbitte, als dieses Erwachen aus dem todbringenden Schlaf: Ich wünsche mir Menschen, die zu Jesus hindrängen und nur die eine Bitte haben, wie sie mit dem Vater im Himmel versöhnt werden können.

Hier in diesem Kapitel ist dies der Fall. Ein Strom von Leuten sucht bei Jesus Christus die Wahrheit über Gott zu erfahren. Damit sie ihm bei seiner Predigt besser zuhören können, setzt sich Jesus in eins von zwei leerstehenden Booten. An Pflöcke waren sie angetäut. Die Fischer dieser Boote waren herausgestiegen und wuschen am Ufer ihre Netze.

Jesus bittet Simon, sein Boot etwas vom Land abzustoßen, damit er besser zum Volk sprechen könne. Simon ist nicht unbekannt. In Kapitel 4,38.39 wird uns nämlich berichtet, daß die Schwiegermutter des Simon heftig an einem Fieber erkrankt war. Durch ein Wunder von Jesus war sie geheilt worden.

Ohne auch nur einen Einwand hervorzubringen, läßt Simon sich für diese Aufgabe gewinnen. Es ist ungewöhnlich, daß ein Fischerboot zur Kanzel umfunktioniert wird, ungewöhnlich, daß der See zur Verkündigungsstätte wird. Aber Simon hat daran Anteil. Es ist sein Boot, es ist sein Arbeitsgebiet. Er läßt sich mit allem, was er ist und hat, in Dienst stellen.

Wie steht es bei uns damit? Wem gehören unsere Gaben, unser Besitz, unsere Zeit? Investieren wir in Gottes Reich? Erlauben wir Jesus, daß er durch uns Zugang zu Menschen gewinnt? Ich staune, wenn ich in manche Häuser komme und sehe, wie sie Jesus zur Verfügung gestellt werden. Von einem Bauern in Bessarabien, meinem Heimatland, las ich, daß er sehr arm war und in einer Lehmhütte wohnte. Von seinen zwei dürftigen Kammern stellte er die größere zur Verfügung, damit die Versammlung darin stattfinden konnte. Die Liebe zu seinem Herrn war es, die ihn dazu trieb. Wie erbärmlich dagegen ist oft das Handeln der Reichen, die sich einem solchen Auftrag verschließen, nur weil vielleicht etwas Schmutz in die Häuser getragen werden könnte.

Ich kenne behaglich ausgestattete Wohnzimmer, in denen Jungscharler zusammenkommen. Sie hinterlassen manchmal auch ihre Spuren. Und doch ist es solchen Menschen wichtiger, daß Kinder die Botschaft von Jesus hören, als daß ihre Zimmer glänzend bleiben.

Wir hatten über mehrere Jahre einen Studentenbibelkreis in unserer Wohnung. Meist kamen 35 und mehr junge Leute. Einmal schoben zwei Studenten ein älteres Sofa übers Parkett, weil die Sitzgelegenheiten nicht ausreichten. Am nächsten Morgen entdeckte ich eine häßliche dicke Schramme quer übers versiegelte Parkett. Ich jammerte meinem Mann vor: „Ach Karl Heinz, ich weiß nicht, ob wir noch länger die Studenten in unser Haus einladen sollen. Schau dir nur unser Parkett an, wie beschädigt es ist. Ein Nagel im Sofa hat unseren schönen Fußboden so verschandelt."

Mein Mann schaute sich den Fußboden an, nahm mich in den Arm, fing an zu lachen und sagte spontan: „Was, Lotte, dieser Kratzer bekümmert dich? Du solltest froh sein, daß sich auf unserem Parkett die Spuren der Heiligen finden."

Da ging mir ein Licht auf. Für Jesus ist das Beste gerade gut genug.

Auch Simon handelt so. Sein Schiff wird mitten auf dem See Genezareth zur Kanzel. Der Inhalt dieser Predigt wird uns nicht mitgeteilt, aber es muß schon eine gewaltige gewesen sein, denn das Volk harrt am Ufer aus und lauscht ganz ergriffen der Verkündigung Jesu.

Was nun folgt, hört sich widersinnig an. Obwohl Jesus gesehen hat, wie leer die Netze der Fischer waren und sie in der vorangegangenen Nacht nichts gefangen hatten, befiehlt er Simon: „Fahre auf die Höhe des Sees und wirf deine Netze zum Fang aus!"

Wie soll Simon das begreifen? Sieht denn Jesus nicht das ganze Dilemma? Ihre Mühe, ihr Einsatz in der Nacht waren ergebnislos geblieben. Die Netze waren leer. Ihre schwere Nachtarbeit bei stürmischem Wind und häßlichem Wetter war umsonst. All ihr Bemühen war gescheitert. Und nun sollen sie am Tag, wo alles Fischen sinnlos ist, die Netze zum Fang auswerfen? Jesus mag ein herausragender Prediger sein, aber vom Fischen hat er keine Ahnung. Wenn schon bei Nacht die Netze leergeblieben sind, wieviel mehr müssen die Fischer erst am Tage zum Scheitern verurteilt sein. Sonnenschein ist nicht die rechte Zeit, die Netze auszuwerfen. Und so ist der Einwand Simons berechtigt: „Meister, wir haben die ganze Nacht gearbeitet und nichts gefangen."

Kennen wir solche Zeiten des Mißlingens, wo all unser Bemühen wie ein Kartenhaus zusammenfällt? Trotz Arbeit, Schweiß, trotz Mühe und Einsatz bleiben uns nur Scherben. Mit Jesaja können wir sprechen: „Ich dachte, ich arbeitete vergeblich und brächte meine Kraft umsonst und unnütz zu, wiewohl meine Sache des Herrn und mein Amt meines Gottes ist."

Mir steht Frau Kunert vor Augen. In einer Nacht rief sie bei mir an, weinte, klagte, heulte, schwieg dann wieder über weite Passagen, berichtete unter Stocken, es habe doch alles keinen Zweck mehr. Alles sei so sinnlos, am besten, sie schlucke jetzt die Tabletten, die sie in kleinen Türmchen vor sich aufgerichtet habe. Dann sei sie den Ballast ihres Lebens endlich los. Weil meine Worte sie anscheinend nicht erreichten, holte sie mein Mann noch in der Nacht zu uns. Mitternacht war schon lange um, und noch immer saß ich mit ihr im Arbeitszimmer, ohne daß meine Tröstungen sie erreicht hatten. Dann stöhnte auch ich laut auf und sagte nur: „Ihre Not ist so schrecklich, da bin ich mit meiner Weisheit am Ende. Aber ich will mit Ihnen vor Gott treten, vielleicht können Sie seine Stimme vernehmen." Dann schlug ich meine Bibel auf und las Jesaja 43: „Und nun spricht der Herr: Fürchte dich nicht, denn ich habe dich erlöst; ich habe dich bei deinem Namen gerufen, du bist mein! Denn so du durch Wasser gehst, will ich bei dir sein, daß dich die Ströme nicht sollen ersäufen; und so du durchs Feuer gehst, sollst du nicht brennen, und die Flamme soll dich nicht versengen. Denn ich bin der Herr, dein Gott, dein Heiland. Weil du in meinen Augen so wert geachtet bist, sollst du auch herrlich sein, und ich habe dich lieb. So fürchte dich nun nicht, denn ich bin bei dir."

Und plötzlich war es, als würde die Nebelwand, die sich so verhängnisvoll um Frau Kunert gelegt hatte, aufreißen. Sie begriff Gottes große Liebe. Die Angst mußte weichen. Hoffnung brach an. Sie erkannte: Wenn ich auch sonst ungeliebt bin und mich oft auch nicht mehr selbst lieben kann, hält Gott mich doch für wertvoll. Ich muß mein Leben nicht wegwerfen, weil ein Größerer zu mir steht. Mit seiner Hand hält er mich umfangen. Er gibt meinem verpfuschten Dasein wieder Sinn, indem er mir alle Schuld vergibt und neu mit mir anfängt.

Ich erinnere mich noch genau, wie wir beide auf dem Teppich niederknieten, ich ihr ein Gebet vorsprach und Frau Kunert zum ersten Mal den Namen Gottes anrief. Ihren Willen unterstellte sie Gottes Willen und war in ihm geborgen. Das sind bewegende Stunden, wenn ein Mensch heimfindet zu seinem Vater im Himmel. Damit war der erste Schritt in die richtige Richtung getan, dem noch andere wichtige folgten. Öfter trafen wir uns zum Beten und Bibellesen, machten zusammen schöne Spaziergänge, fuhren auch auf christliche Tagungen, damit dieses neue Leben mit Gott wachsen konnte. Ihre Depressionen waren natürlich nicht gleich vom Erdboden verschwunden. Immer wieder umdüsterten sie ihren Blick. Aber nach zwei, drei Jahren stabilisierte sich ihr Gesundheitszustand und sie konnte ihre Arbeit als medizinisch-technische Assistentin wieder aufnehmen.

Frau Kunert gewann auch Freunde und besuchte regelmäßig den Gottesdienst. Neue Lebenslust trat in ihren sonst so tristen Alltag. So entschloß sie sich, in ihrem Urlaub eine Mittelmeerkreuzfahrt zu unternehmen. Von dieser Reise kehrte sie total verändert zurück. Sie hatte einen Menschen kennengelernt, der sie liebte und den sie auch lieben konnte. Aber diese neue Partnerschaft wurde ihr zum Verhängnis. Dr. Völker redete ihr ein, sie könne auch ohne Gott ein glücklicher Mensch sein, denn die Religion enge das Denken sehr ein. Frei solle sie leben, völlig frei, das sei das wahre Leben. Es tat mir weh, als sie mir in einem Brief schrieb, sie wolle es mit der neugewonnenen Freiheit versuchen und auf diese Weise ein guter Mensch sein. Sie möchte nicht mehr in Gottesdienste eingeladen werden, da sie zu einem Ziel gefunden habe. Als ich an diesem Vormittag ihre Zeilen las, weinte ich um einen Menschen, der mir viel bedeutete und für den ich immer wieder im Gebet eingetreten war. Mehrere Jahren hatte ich mich um Frau Kunert bemüht, und nun war meine ganze Arbeit vergeblich gewesen. Diese Erkenntnis wurde mir zu einer Anfechtung, und ich hatte Mühe, mein inneres Gleichgewicht wiederzufinden. Auch im Reich Gottes ist uns nicht immer Erfolg beschieden.

Ich kann Simon sehr gut verstehen, wenn er sagt: „Meister, wir haben die ganze Nacht gearbeitet und nichts gefangen."

Aber das ist das Erstaunliche: Simon bleibt nicht bei dieser Erkenntnis stehen. Er sieht sich seinem Meister gegenüber. Jesus ist der Bevollmächtigte. Hier steht ihm nicht ein irgendwie begabter Gesetzeslehrer gegenüber, sondern der Herr, dem alles unterstellt ist. Ihm gehören nach Psalm 8 auch die Fische im Meer, und deshalb kann Simon diesem Herrn den Gehorsam nicht versagen. All sein Wissen über den Fischfang läßt Simon fallen, denn ein Größerer als er hat hier das Sagen. Jesus hat auch die Vollmacht über die Tiere des Meeres. Darum antwortet er ihm: „Aber Meister, auf dein Wort hin will ich die Netze auswerfen."

Mit diesem kleinen Wörtchen „aber" bekennt sich Simon zu einem Glauben, der dem Gehorsam verpflichtet ist. Wider alle Berufserfahrung, wider alle Praxis, wider besseres Wissen schenkt er Jesus sein Vertrauen. Solch ein vertrauensvoller Gehorsamsschritt wird belohnt.

Ludwig Schneller schreibt dazu: „Auf dem See Genezareth wirft man nur bei Nacht die Netze aus, denn am Tag fängt man beinahe nichts. Bei einem meiner Besuche habe ich die Fischer bei dem See Tiberias gefragt, ob sie nicht auch bei Tage die Netze auswerfen. Da lachten sie bloß über so viel Unwissenheit."

Das zeigt, wie groß das Vertrauen Simons zu Jesus ist. In der Nacht, da der Fischfang am verheißungsvollsten ist, hat er sich umsonst gemüht. Nun aber will er in der denkbar schlechtesten Zeit, am hellichten Tage auf die Höhe des Meeres fahren, nur um seinem Meister gehorsam zu sein. Ich wünschte mir für mein Leben eine solche Haltung, die wider besseres Wissen, wider bessere Erfahrung sich allein auf das Vertrauen zu Jesus gründet.

Es waren die leidvollsten Tage meines Lebens. Durch ein Zugunglück schwer verletzt lag meine Schwester nun schon über zweieinhalb Jahre in einer Klinik. Kurz vor ihrem 36. Geburtstag traf sie dieser furchtbare Schlag. Die Ärzte gaben ihr klar zu verstehen, daß die Beine wohl nicht mehr zu retten seien. Eine Zeit des Elends brach über meine Schwester herein, die besonders an ihre beiden noch kleinen Kinder dachte. Wir in der Familie halfen, wo wir nur konnten. Zu Beginn des Unfalls fuhr ich jeden Abend gegen 19 Uhr nach Kassel, wachte an ihrem Bett, bis mich morgens meine andere Schwester ablöste. Wenn ich dann gegen 8 Uhr morgens zu Hause wieder eintraf, war ich von all dem Geschehen erschöpft, manchmal sogar verzweifelt. Nach einer solch entsetzlichen Nacht fand ich am Morgen nicht zur Ruhe, die ich so dringend gebraucht hätte. Die Qual meiner Schwester, ihr Schreien und Stöhnen, ihre Verzweiflung und Traurigkeit griffen mir ans Herz. Ich schrie zu Gott: „Herr, ich kann dieses sinnlose Leid nicht mehr mit ansehen. Ich halte die Spannung nicht mehr durch. Schaff doch dem Elend ein Ende!“

Da erging an mich ganz klar und unüberhörbar der Befehl von Gott: „Steh auf von deinen weichen Federn! Lotte, erhebe deine müden Glieder und bring deine Verzweiflung zu Papier. Schreib nieder, was du in dieser Nacht mit mir erlebt hast!“

Mir war nicht zum Schreiben zumute, aber ich gehorchte. Ich brachte die ersten Zeilen für mein Buch „Ich staune über Gottes Führung“ zu Papier. Damals wußte ich nicht, daß mein Manuskript der Anfang eines Buches war, das zudem bis jetzt 9 Auflagen erreichte. Es ist das meistgekaufte Buch geworden, das ich geschrieben habe.

Gott fordert von uns Gehorsam, mit weniger gibt er sich nicht zufrieden. Klar sagt sein Wort: „Gehorsam ist besser als Opfer.“ Im zweiten Korintherbrief heißt es: „Wir nehmen alle Vernunft unter den Gehorsam Christi gefangen.“ Dies ist wohl eine der schwersten Lektionen, die es in unserem Dasein zu lernen gibt.

Simon begreift, daß er seinem Herrn gehorchen muß, auch wenn seine Erfahrung gegen Jesu Befehl spricht. Er fährt auf die Höhe des Sees und erlebt ein Wunder. Es wird uns berichtet: „Da sie es taten, fingen sie eine große Menge Fische, und ihre Netze zerrissen. Da winkten sie den Gefährten, daß sie kämen, ihnen beizustehen. Und sie kamen und füllten beide Schiffe, so daß sie zu sinken drohten.“

Wenn Jesus gibt, dann gibt er verschwenderisch, in Hülle und Fülle. Jesus ist nie kleinlich. Er gibt überreichlich, so daß Simon dieses Wunder kaum fassen kann. Und während Simon mit seinen Freunden schuftet und Mühe hat, die

Beute an Land zu bringen, ist er selbst ins Netz des Heilandes geraten. Indem Simon Beute auf Fische macht, ist er selbst zur Beute seines Herrn geworden. Versetzt uns nicht die Art, wie Jesus die Menschen sucht und rettet in Erstaunen? Jesu Seelsorge ist bewundernswert. Er wählt für jeden die Form der Berufung, die dem anderen am nächsten kommt. Die Weisen aus dem Morgenland zieht er durch den Stern von Bethlehem in seine Nähe. Simon der Fischer wird durch einen großartigen Fischfang in die Nachfolge gerufen. So macht sich Jesus uns deutlich in der Art und Weise, wie wir ihn am besten verstehen können.

Mich hat Jesus durch das notvolle Flüchtlingsdasein gerufen. Als ich einmal auf einer Tagung begriff, daß Jesus Heimat und eine tiefe Geborgenheit gibt, da zog es mich mit aller Macht zu ihm hin. Meinen Widerstand gab ich auf und wurde bereit, Jesus nachzufolgen. Das ist gewinnende, einfühlsame, fruchtbringende Seelsorge. Jesus spricht immer so zu uns, daß wir sein Reden klar und deutlich vernehmen können. Er weckt in uns Hoffnung, daß wir das Ziel des ewigen Lebens erreichen.

David war Hirte, als er von seiner Schafherde zum Dienst für Gott berufen wurde. Hätte er sonst so wundervoll den 23. Psalm schreiben können? Fortan sollte er Gottes geliebtes Volk weiden. Auch Amos erfährt seine Berufung in seinem Alltagsgeschehen. Wie heißt es von ihm? „Aber der Herr nahm mich von der Herde weg und sprach zu mir: ‚Gehe hin und weide mein Volk.‘“

Die Samariterin findet Jesus am Brunnen, an dem sie Wasser schöpft. Dort redet Jesus mit ihr über das Wasser des Lebens. So handelt unser Herr, damit wir das Ziel nicht verfehlen. Auch Simon spürt die Nähe Jesu und wird sich zugleich bewußt: Jesus und ich, wir passen nicht zusammen. Da klafft ein unüberbrückbarer Graben. Jesu Größe und meine Unwürdigkeit, das fügt sich nicht zusammen. Und doch ruft mich der Herr in seinen Dienst. Von soviel Liebe überwältigt, fällt Simon Jesus zu Füßen und bekennt: „Herr, gehe von mir, denn ich bin ein sündiger Mensch.“

Ein Schauer überkommt ihn, ein heiliger Schauer, der von der Heiligkeit seines Herrn hervorgerufen wird. Solch einem Erleben geht immer eine Wundertat Jesu voraus. Dies wünsche ich mir auch für meinen Dienstauftrag. Jesu Größe wird mit bewußt, ich erkenne aber auch zugleich meine Unwürdigkeit. Mir bleibt nur, es Simon gleichzutun, vor meinem Herrn niederzufallen und ihn anzubeten. In solchen Augenblicken wird wertlos, was wertlos ist, und Glanz bekommt, was glanzvoll ist. Ich erkenne meine tiefe Verlorenheit und zugleich Jesu rettende Tat. Seine Gnade ergreift mich, echte Gnade, die mich im Innersten umfängt.

Bei Martin Luther fand ich den treffenden Ausspruch: „Wenn du ein Prediger der Gnade bist, so verkündige keine fingierte, sondern die echte Gnade. Gott macht nur echte Sünder selig. Sei immerhin ein Sünder und sündige tapfer, aber glaube noch tapferer und freue dich in Christus, dem Sieger über die Sünde. Bete tapfer, auch wenn du ein ganz tapferer Sünder bist."

Und an Melanchthon gerichtet, führt Luther weiter aus: „Melanchthon, vergesse nicht, daß gesündigt werden muß, solange wir hier auf Erden sind, und daß dieses Leben keine Herberge der Gerechtigkeit ist. Wir sind gerecht und Sünder zugleich."

Ob wir nicht ganz neu um diese Begegnung mit Jesus in Gericht und Gnade beten sollten? Es gibt ein Erschaudern, das uns vor Gott knien läßt, uns aber auch zugleich die Freude der Begegnung mit unserem Sünderheiland vermittelt. Wer zerbrochen vor seinem Herrn liegt, wird durch seine freundliche, liebevolle Hand wieder aufgerichtet. Zu Recht empfinden wir unsere Bedürftigkeit und zugleich Jesu ungeahnte Macht. Er will Sünder selig machen, das kommt schon in seinem Namen zum Ausdruck.

Der Herr braucht Leute in einem Dienst, die wie Petrus sagen: „Gehe von mir, Herr!" Wer so auf den Knien liegt, erfährt auch die heilenden, kraftvollen, tröstenden Worte: „Fürchte dich nicht! Denn von nun an wirst du Menschenfischer werden." Dem heiligen Schrecken, mit dem Petrus seine Sündhaftigkeit in der Tiefe erkennt, folgt der herrliche Trost: Gott verdammt nie einen Menschen, der in heiliger Ergebenheit vor ihm erschaudert. Christus sieht ihn mit Augen der Liebe an und begnadigt den Sünder. Ja, er zieht ihn an sein Heilandsherz und nennt ihn mit einem neuen Namen. „Von nun an wirst du Menschenfischer werden!"

Ob Petrus die Fülle seiner Berufung begreift? Gewiß nicht! Aber er ist auch hier wieder gehorsam, verläßt sein Boot, gibt seinen bisherigen Beruf auf und folgt Jesus nach. In Zukunft wird er keine Fische mehr fangen, sondern Menschen ins Netz des Heilandes ziehen. Nicht mit einer geringen Beute soll Petrus zufrieden sein, nein, sein Auftrag ist hoch. Menschen sollen zum Leben mit Jesus finden, zum wahren, überfließenden Leben.

Gott hat in unserem Land auf besondere Weise einen Mann in seinen Dienst berufen und ihn zum Menschenfischer gemacht. Die Älteren unter uns werden ihn gut kennen: Wilhelm Busch, Pfarrer in Essen. Er schildert, wie Jesus seine Hand auf ihn legte und er bereit wurde, in seine Nachfolge zu treten. Ich lasse ihn selber zu Wort kommen.

„Ich war junger Offizier im Ersten Weltkrieg. Ich brauchte keine Bibel und keinen Jesus. Ich war ein guter Reiter und hatte mit 18 Jahren die Führung einer Batterie. Da brauchte ich nicht Gottes Wort. Wenn der Militärpfarrer kam, dann lächelten wir: Sündenabwehrkanone und so. Ich war fertig mit Gott. Freilich, der Krieg war schrecklich; aber für einen jungen Kerl war das auch ein Abenteuer. Und hinter der Front war's erst recht ein Abenteuer. Aber dann kam die Stunde, die ich nie vergesse, wo sich der Abgrund vor mir auftat. Das war, als neben mir ein Freund, dem ich etwas sagen wollte, plötzlich tot vom Pferd fiel. Ein Splitter hatte ihn getroffen. Ich hatte es noch nicht einmal bemerkt. Wir standen eigentlich in Bereitschaft, wir sollten erst eingesetzt werden. Es schoß bei uns ab und zu. Das nahmen wir gar nicht ernst. Und jetzt war mein Freund tot.

Da überfiel mich plötzlich die Frage: ‚Wenn du jetzt den nächsten Schuß kriegst – wo bist du dann?' Ich wußte auf einmal: ... dann stehst du vor Gott! Da tat sich der Abgrund auf, als ich plötzlich wußte: Ich kann mit meinen Sünden nicht vor Gott bestehen; wenn ich jetzt einen Schuß kriege, dann komme ich in die Hölle.

Ich stieg auf mein Pferd, faltete die Hände und betete zum erstenmal: ‚Lieber Gott, laß mich nicht fallen, ehe ich ...' Ja ich wußte nicht was. ich ging dann zum Militärpfarrer, doch der verstand es gar nicht. Er meinte: ‚Herr Leutnant, wer fürs Vaterland stirbt, der stirbt wohl.' Ich stand mutterseelenallein. Da hab ich gefragt: ‚Wie macht man das? Wie komme ich mit Gott in Ordnung?' Ein Vierteljahr habe ich die Hölle durchwandert.

Dann kamen wir in Ruhestellung. Und ehe es wieder an die Front ging, sagte ich zu meinem Burschen, wir wollten mal meinen Koffer aufräumen. Das war ein großer Koffer, der immer in der Garage blieb. Wir kippten ihn einfach um, und da lag obendrauf ein schwarzes Büchlein, eine Bibel. Die hatte meine Mutter beim letzten Urlaub in den Koffer geschmuggelt.

Ich nahm das Büchlein und blätterte darin. Da blieb mein Auge an einem Wort hängen: ‚Jesus Christus ist gekommen in die Welt, die Sünder selig zu machen.' Diese Stunde vergesse ich nie. Es war, als wenn es vor mir einschlüge: Sünder, das bin ich! Selig werden – das wollte ich! Und wenn Jesus Christus Sünder selig macht, dann mußte ich Jesus finden!

Ich stürzte in das Bauernhaus – es war verlassen –, riegelte von innen die Tür zu, fiel auf meine Knie und betete zum erstenmal in meinem Leben richtig. ‚Herr Jesus, ich habe begriffen, daß du jetzt da bist. Du bist der einzige, der Sünder selig macht. Ich bin ein Sünder; ich möchte selig werden. Hier, jetzt, heute möchte ich ein Kind Gottes werden. Herr Jesus, ich gebe mich dir. Amen!'

Von dem Moment an habe ich einen Herrn gehabt. Und er hat angefangen mich zu führen."

Wem begegnet Jesus heute in dieser Weise und führt ihn ein Leben lang?

Wer baut sein Haus auf Felsengrund?

Darum, wer diese meine Rede hört und tut sie, der gleicht einem klugen Mann, der sein Haus auf Fels baute.
Als nun ein Platzregen fiel und die Wasser kamen und die Winde wehten und stießen an das Haus, fiel es doch nicht ein; denn es war auf Fels gegründet.
Und wer diese meine Rede hört und tut sie nicht, der gleicht einem törichten Mann, der sein Haus auf Sand baute.
Als nun ein Platzregen fiel und die Wasser kamen und die Winde wehten und stießen an das Haus, da fiel es ein, und sein Fall war groß.
Und es begab sich, als Jesus diese Rede vollendet hatte, daß sich das Volk entsetzte über seine Lehre;
denn er lehrte sie mit Vollmacht und nicht wie ihre Schriftgelehrten.

Matthäus 7,24-29

Ein junger Pfarrer wird in eine große Gemeinde auf dem Land versetzt. Die Kirche ist überfüllt mit Menschen, als er seine Antrittspredigt hält. Sie ist zündend und begeistert die Zuhörer. Die Gottesdienstbesucher sind des Lobes voll über ihren neuen Pastor. Am nächsten Sonntag hält der Pastor wieder dieselbe Predigt. Nachdem er an fünf Sonntagen immer das Gleiche sagt, verwundern sich die Leute. Sie begreifen das seltsame Verhalten ihres Pfarrers nicht. Einem Kirchenältesten platzt dann der Kragen. Ärgerlich geht er auf den Pfarrer zu und schreit ihn an: „Warum tragen Sie uns jeden Sonntag die gleiche Predigt vor? Halten Sie uns denn für dumm? Oder könnte es sein, daß Sie uns nichts Neues zu sagen wissen?"

„Doch!" antwortet der junge Theologe mit Bestimmtheit. „Ich werde sofort eine andere Predigt halten, wenn Ihr bereit geworden seid, die alte zu befolgen und Jesu Wort in die Tat umzusetzen."

Betroffen gehen die Gottesdienstbesucher von dannen. Sie haben die Antwort ihres Hirten gut verstanden.

Es ist ein ernster Abschnitt, der uns beschäftigen soll. Es geht hier um Hören und Tun. Mit nicht weniger gibt sich Jesus zufrieden. Und doch verstehen wir es immer wieder, den Willen Gottes zu umgehen. Ich weiß, wie ich handeln soll, finde aber oft nicht die Kraft, dem Gebot Gottes gemäß zu handeln. Ich verstricke mich dann in Ausreden oder flüchte ins Fragen hinein. Solange ich am Fragen bleibe, brauche ich nicht zu handeln, denke ich. Manchmal gefalle ich mir auch in meinem Fragen und steigere mich sogar in Zweifel hinein. Ich kann mich dann mit meinen Zweifeln sehr interessant machen und mir die Anteilnahme meiner Freunde sichern. Ich erfahre ihren Trost und Zuspruch, treibe aber mit ihnen ein böses Spiel, weil sie mein Tun nicht durchschauen. Jesus aber durchschaut meine Wege, und ihm geht es um meine Wahrhaftigkeit.

Wie sehr hat Jesus diese Art schon bei den Juden angeprangert? Sie stellten Fragen über Fragen, z. B.:

Wie oft muß ich meinem Nächsten vergeben?

Ist's recht, dem Kaiser Steuern zu zahlen?

Wieviel Schritte darf ein Jude am Sabbat gehen?

Darf man am Sabbat heilen?

Fragen sind erlaubt, aber es muß sich um echte, wahrhaftige Fragen handeln, sonst ziehe ich mir den Zorn Gottes zu. Heuchler sind Gott von jeher ein Greuel. Wie scharf geht Jesus mit den Pharisäern um, die Minze, Dill und Kümmel verzehnten, um ja fromm zu scheinen, aber das Eigentliche vergaßen sie. „Ihr lasset das Schwerste dahinten im Gesetz, nämlich das Gericht, die Barmherzigkeit und den Glauben", sagt Jesus.

Oder ein anderes Beispiel: Die Pharisäer waren sehr stolz darauf, daß sie Äußerlichkeiten beachteten, aber oft ließen sie ihre Alten und Kranken im Stich. Klar gibt uns das Neue Testament die Anweisung: „Wer seine eigenen Hausgenossen nicht versorgt, ist schlimmer als ein Heide." Echte Zweifel dürfen vor Gott ausgesprochen werden. Sie erfahren dann auch Heilung. Und fast jeder weiß um solche Zweifel, die zu einer Identitätskrise führen können. Dietrich Bonhoeffer spricht diese Wahrheit in seinem Gedicht an:

Wer bin ich?
Wer bin ich? Sie sagen mir oft,
ich träte in meine Zelle
gelassen und heiter und fest
wie ein Gutsherr aus seinem Schloß.

Wer bin ich? Sie sagen mir oft,
ich spräche mit meinen Bewachern
frei und freundlich und klar,
als hätte ich zu gebieten.
Wer bin ich? Sie sagen mir auch,
ich trüge die Tage des Unglücks
gleichmütig, lächelnd und stolz,
wie einer, der Siegen gewohnt ist.

Bin ich wirklich, was andere von mir sagen?
Oder bin ich nur das, was ich selbst von mir weiß?
Unruhig, sehnsüchtig, krank, wie ein Vogel im Käfig,
ringend nach Lebensatem,
als würgte mir einer die Kehle,
hungernd nach Farben, nach Blumen, nach
Vogelstimmen,

dürstend nach guten Worten,
nach menschlicher Nähe,
zitternd vor Zorn über Willkür und
kleinlichste Kränkung,
umgetrieben vom Warten auf große Dinge,
ohnmächtig bangend um Freunde in endloser Ferne,
zu müde und leer zum Beten, zum Danken,
zum Schaffen, matt und bereit,
von allem Abschied zu nehmen?

Wer bin ich? Der oder jener?
Bin ich denn heute dieser und morgen ein anderer?
Bin ich beides zugleich? Vor Menschen ein Heuchler
und vor mir selbst ein verächtlich wehleidiger
Schwächling?
Oder gleicht, was in mir noch ist,
dem geschlagenen Heer,
das in Unordnung weicht
vor schon gewonnenem Sieg?

Wer bin ich? Einsames Fragen treibt mit mir Spott.
Wer ich auch bin, Du kennst mich,
Dein bin ich, o Gott!

Ehrlich, offen, wahrhaftig, so will mich Gott. Ich darf vor ihn treten, wie ich mich gerade befinde, in meinen Lumpen, mit meinen Fehlern, von Kummer und Zweifel geplagt, aber immer aufrichtig, denn dann darf ich auch die Verheißung für mich in Anspruch nehmen: „Dem Aufrichtigen läßt es der Herr gelingen."

Vor einigen Wochen stand plötzlich ein junger Mann vor unserer Tür: Mit Sack und Pack war er angereist und fragte, ob er für ein paar Tage Quartier bei uns haben könne. Er sei Student der Biologie und kenne einen unserer Söhne, mit dem er einen Hausbibelkreis besuche. Er wolle in Marburg an einem Seminar teilnehmen, um Klarheit in seinen Glaubenszweifeln zu bekommen. Er leide schrecklich unter diesen Anfechtungen. Ich war zunächst etwas erstaunt über den ungebetenen Gast und seine offene Art, mir schon an der Haustür seine Krisen zu offenbaren, aber da ich ihn nicht im Dunkeln stehen lassen wollte, richtete ich ihm einen Schlafplatz in unserem Wohnzimmer. Bei Tisch führte der Student lang und breit aus, wie schwer es doch sei, an Christus zu glauben. Mit Ratschlägen hielt ich mich zurück, versprach aber, für ihn zu beten. Als Nachtlektüre legte ich ihm die Biographie von Ole Hallesby, einem norwegischen Erweckungsprediger, auf sein Bett. Er hatte auch über einen langen Zeitraum hinweg mit Zweifeln zu kämpfen.

Ich wunderte mich auch, daß unser Gast am nächsten Tag nur schwer aus den Federn kam, sich von vorne bis hinten bedienen ließ und erst gegen Mittag zu seinem Seminar ging, das ja laut Programm schon um acht Uhr begann. Drei Tage blieb dieser Student bei uns, und ich hatte den Eindruck, daß er sich mehr in den Kneipen Marburgs vergnügte, als sich mit dem christlichen Seminar auseinanderzusetzen. Schließlich wartete ich den rechten Augenblick ab und begann ein längeres Gespräch mit ihm. Ich versuchte ihm klarzumachen, daß es wohl mehr die Probleme des Alltags und nicht Glaubensfragen wären, die ihn beschäftigten. „Bitte“, forderte ich ihn heraus, „sagen Sie mir klipp und klar, wo drückt Sie der Schuh eigentlich?“

„Frau Bormuth, wenn Sie mich schon so deutlich auf meine Situation hin ansprechen, dann will ich es Ihnen auch sagen. Mein Problem ist eine Studentin, die ich sehr liebe. Aber seit einem halben Jahr ist Nana in festen Händen. Sie liebt einen Medizinstudenten, der gerade seine Prüfung macht. Er hat im Augenblick wenig Zeit, Kontakt mit ihr zu halten, da sie in Marburg studiert und er in Tübingen wohnt. So habe ich gedacht, daß der Zeitpunkt für mich günstig sei, Nana auf meine Seite zu ziehen. Ich habe mich in diesen drei Tagen ernsthaft um Nana bemüht, aber ich bin nicht bei ihr gelandet. Und jetzt bin ich enttäuscht, maßlos enttäuscht und habe versucht, meinen Kummer mit Alkohol runter zu spülen."

Für mich wurde dieser Abend zu einer langen Nacht. Klar habe ich diesem jungen Mann gesagt, daß seine Glaubenszweifel nur vorgetäuscht seien. Es sei einfach nicht recht, einem andern, der zudem mitten im Examen steht, die Freundin abspenstig zu machen. Man darf einem Kommilitonen, der den Streß einer Prüfung zu durchstehen hat, nicht mit einer so schäbigen Art in den Rücken fallen. Er solle ehrlich vor Gott werden, sein schuldhaftes Verhalten einsehen und es Gott bekennen. Wer seiner Sünde einen Namen gibt und sie offen vor Gott ausspricht, darf mit der Vergebung rechnen. Er solle offen, ehrlich und aufrichtig vor Gott hintreten.

Ich bin dankbar, daß sich unser ungebetener Gast diese Seelsorge gefallen ließ. Erst jetzt fiel es ihm wie Schuppen von den Augen, daß er sich seinem Freund gegenüber so häßlich verhalten hatte.

Darin besteht Gottes Hilfe, daß er dem Schuldigen seine Sünde vergibt und ihn neu in seinen Dienst stellt.

Erkenne ich die Notwendigkeit, mich für Gott einzusetzen? Gebe ich mit ganzer Hingabe das Zeugnis von Jesus Christus an die Menschen weiter, die ihn noch nicht kennen? Jeder soll erfahren, daß er Heiland, Erlöser und König der Welt ist. Wenn ich ehrlich bin, muß ich zugeben, daß bei mir zwischen Erkenntnis und Handeln ein großer Graben klafft, aber ich will mich bemühen, Jesus gehorsam zu werden.

Es gibt auch Stimmen, die gar nicht dazu angetan sind, uns zu diesem Dienst für Gott zu ermutigen. Wie viele behaupten, die Zeit der Erweckung sei vorüber. Jetzt gelte es nur noch, die kleine Herde Christi zusammenzuhalten. Zeltmission, Evangelisation, persönliches Glaubenszeugnis seien in der Moderne längst überholte Methoden und erreichten nicht das gesteckte Ziel. Und mit diesen Worten lehnen sie sich weit in den Sessel zurück und überlegen, welchen Hobbys sie frönen können oder wohin die dritte

Urlaubsreise in diesem Jahr gehen könnte. Urlaub ist eine wunderschöne Sache. Urlaub ist von Gott geschenkte Zeit zum Entspannen und Sammeln von neuen Kräften. Aber wird heute der Bogen nicht weit überspannt? „Trachtet zuerst nach dem Reich Gottes, so wird euch solches alles zufallen", sagt das Neue Testament. Wohin richtet sich mein Trachten und Sehnen? Dabei möchte ich nicht den Eindruck erwecken, als gönne uns Gott keine Freude. All das Schöne in dieser Welt ist nicht nur für die Heiden geschaffen. Gott möchte mir Anteil am Reichtum dieser Erde schenken, er will mich zur Freude führen. Aber besteht die größte Freude nicht darin, mitzuerleben, wie Menschen, die abgrundtief verloren sind, mit dem Vater im Himmel ausgesöhnt werden? Die Freude, die Engel glücklich macht, darf auch mich zum Jubeln führen. Ich bin immer wieder tief bewegt, wenn ein Mensch diese Wahrheit erfaßt und zu Jesus ja sagt. Es geht mir dann wie dem Vater mit dem verlorenen Sohn. Da kommt der verloren geglaubte Sohn in Schmutz und Lumpen heim zu seinem Vater. Das Gesicht des Alten ist von Freude überstrahlt. Tränen rinnen ihm über die Wangen. Weit breitet er die Arme aus und umschließt den Sohn. Der Vater ordnet an, daß ein Freudenfest gefeiert werden soll. Sofort holt er die festlichen Kleider herbei, wirft die stinkenden und zerrissenen Lumpen weg, schmückt den Sohn mit einem Siegelring, und der Jubel bricht an. Gesänge werden angestimmt, Reigen getanzt, und man spürt dem Vater die Freude an, selbst mit Hand anzulegen. Er holt die teuersten Weine aus dem Keller, läßt die fettesten Lämmer schlachten, und immer wieder erzählt er voller Staunen jedem, der an ihm vorübergeht: „Mein Sohn war verloren, aber er ist wieder nach Hause gekommen, er war tot, und ist wieder lebendig geworden."

In diese Festfreude werden wir mit hineingenommen, wenn wir uns Jesus zur Verfügung stellen. Sehen wir die Schönheit solch herrlichen Tuns? Ermessen wir die Größe unseres Auftrags? Verirrte sollen heimfinden zum Vater, und Tote lebendig werden. Wer sich aber nur um sich selber dreht, nur auf sein eigenes Wohl bedacht ist, wer nur seine Ruhe haben und genießen will, der geht leer aus und bringt sich um den schönsten Lohn, den es in dieser Welt gibt.

„Es ist das gnadenvolle Rätsel der Liebe Gottes, daß er das Verlorene sucht und daß der Himmel in festliche Stimmung gerät, wenn der eine, der verloren war, umkehrt. Das leuchtende Gesicht des Vaters ist auch uns zugekehrt, wenn wir die herzhafte Keckheit des Glaubens und den spontanen Schwung der Liebe einsetzen und Menschen heim zum Vater bringen", so hat es Thielicke formuliert.

John Bernardo, ein englischer Student, hatte diesen göttlichen Eifer und die brennende Liebe für diesen Auftrag. Die Not der Straßenkinder legte sich ihm aufs Herz. Er gründete die sogenannte Lumpenschule, weil die Kinder nur in Lumpen gekleidet waren. Von seinem wenigen Geld, das ihm für seine Ausbildung zur Verfügung stand, mietete er einen Raum und unterrichtete diese Ärmsten der Armen im Lesen und Schreiben. Seine freie Zeit setzte er für diese ausgehungerten, verwahrlosten Straßenkinder ein. Er hätte diese Aufgabe eigentlich gar nicht übernehmen können, denn er mußte hart für sein Studium arbeiten. Aber als er einmal lange im Gebet vor Gott verharrte und seinen Vater im Himmel fragte, was er denn für das Reich Gottes tun könnte, lenkte der Herr seinen Blick auf diese Kinder des Elends.

Einmal blieb ein kleiner Junge nach Schulschluß zurück und fragte Bernardo: „Sagen Sie mir bitte, Herr Lehrer, könnte ich heute nacht nicht hier im Klassenzimmer schlafen? Hier ist es so schön warm."

„Mach keine Witze, Junge", scherzte Bernardo, „die Schule ist doch nicht zum Schlafen da, sondern zum Lernen."

„Doch", ließ der Schüler nicht locker, „ich meine es ganz ernst. Erlauben Sie es mir, bitte, hier ist es wirklich wunderbar warm."

„Nein, mein kleiner Lauser, du mußt nach Hause, sonst warten Vater und Mutter vergeblich heute nacht auf dich."

„Aber ich habe doch keine Eltern, ich habe noch nicht einmal ein Zuhause."

„Ja, wo schläfst du denn da?"

„Das kann ich Ihnen genau sagen. Wenn es dunkel geworden ist, dann führe ich Sie an unsere Schlafstätte."

„Abgemacht!" war Bernardos letztes Wort.

Nun war der Lehrer der Lumpenschule gespannt, was er am Abend zu sehen bekäme, und zog mit seinem Schüler los. Sie näherten sich einem heruntergekommenen Viertel, den Slums, wo es vor Dreck nur so stinkt und die Läuse und Flöhe ihr Unwesen treiben. Es war auch ein sehr gefährliches Gebiet, in dem sich nur Mutige sehen lassen konnten. Gesindel trieb sich dort herum, und die Messer saßen lokker.

Plötzlich blieb der Junge stehen, steckte zwei Finger in den Mund und ließ einen schrillen Pfiff ertönen. Da krochen hinter Mülltonnen und Abfallhaufen die Kinder wie Ratten aus ihren Löchern. Aus Pappkartons und zerrissenen Decken, aus Kellerlöchern und Mauerhöhlen stellten sich die Kinder zum Signal ein. Da standen die Jungen und Mädchen, heruntergekommen, hungrig, verdreckt und in Lumpen gehüllt vor ihnen. John Bernardo war entsetzt. Solch einen Anblick hatte er nicht erwartet. Waren diese Elendsgestalten überhaupt noch Kinder?

Seit er das gesehen hatte, konnte er den Anblick der leidenden Kleinen nicht mehr loswerden. Zwei Nächte war ihm der Schlaf verwehrt. Ihn bewegte fortan nur die eine Frage, wie er denn helfen könnte. Diese Jungen und Mädchen brauchten ein Dach über dem Kopf, sie brauchten Brot und Milch, sie brauchten Kleidung, Medizin und warme Decken. Am allerwichtigsten aber war für den jungen Mediziner, wie er den Kindern Jesus nahebringen konnte. Jesus war doch der Kinderfreund, und sein Herz schlug auch für diese unbehausten, verwahrlosten Kleinen. Hat Jesus im Evangelium nicht selbst gesagt: „Lasset die

Kindlein zu mir kommen und wehret ihnen nicht, denn ihnen gehört das Himmelreich." Ja, er herzte und küßte sie und segnete sie.

Wer so den Willen Gottes tut, der handelt klug und baut sein Haus auf Felsengrund. Wenn ein Sturm aufkommt und an den Fensterläden zerrt und rüttelt, wenn der Wind heult und der Himmel sich verfinstert, können die Naturgewalten einem solchen Haus nichts anhaben, denn sein Fundament ist auf Felsen gebaut. Sind wir kluge Leute? so fragt uns dieser Text. Worauf haben wir unser Lebenshaus errichtet? Steht es fest und trotzt es Wind und Wetter?

So möchte uns dieser Bibelabschnitt Mut machen, weise und verständig zu handeln. Die Bibel nennt uns viele kluge Menschen, die auf Felsengrund gebaut haben, zum Beispiel Abraham. Er ließ sich nicht von äußeren Dingen beeindrucken, nicht von Familienbanden halten, sondern war Gott gehorsam und zog auf seinen Befehl in ein Land, das er ihm zeigen wollte. Im verheißenen Land wurde er ein reicher Mann, reich an Weiden und Vieh. Aber sein Herz schlug für Gott, und er hing nicht an seinem Reichtum. Überall, wo er mit seinen Kamelen, Schafen und Rindern hinkam, baute er zuerst einen Altar und betete seinen Herrn an. Er gab Gott die Ehre.

Mose war ein Führer des Volkes Gottes, der auf Felsen baute. Bis heute haben seine Worte Leben und Kraft. „Herr Gott, du bist meine Zuflucht für und für", betete er. Und wie oft habe ich Menschen mit diesem Psalmwort getröstet und selbst staunend diese Worte des Gebets nachgesprochen.

Paulus war ein Mann, der ebenfalls sein Haus auf Felsen baute. Was ihn früher als Schriftgelehrten so tief bewegte, beeindruckte ihn nun nicht mehr gegenüber dieser wunderbaren Erfahrung: Jesus Christus ist mein Herr und Heiland. Fortan war für ihn nur bedeutungsvoll, wie er diesem Herrn dienen und andere – Juden wie Heiden – zum Heil führen könnte. Als Paulus im Gefängnis in Rom saß und Grund genug gehabt hätte, sich um sich selbst zu sorgen, da dachte er nur an die jungen Gemeinden. Ob sie wohl allen Anfechtungen standhalten würden? Er betete für sie und schrieb ihnen Briefe, in denen er ihnen Trost, Hilfe, Belehrung und Mut zuteil werden ließ. Ihm ging es nur um dies eine, daß seine Brüder und Schwestern, die er auf den Weg des Glaubens gebracht hatte, auch das Ziel erreichen. Sie waren alle für Gottes neue Welt geschaffen, und im Himmel wollte er mit ihnen vereint sein. Seine Briefe aus der Gefangenschaft sind uns sehr wertvoll, weil sie von seiner Retterliebe durchdrungen sind.

William Booth erlebt seine Bekehrung zu Christus und fragt sogleich: „Herr, was soll ich für dich tun? Wie kann ich für dich nützlich sein? Wo kannst du mich an der Front des Glaubens einsetzen?"

Eines Abends kommt er sehr spät nach Hause und ruft aus: „Ich hab's, ich hab's!" Er war durch die Straßen seiner Heimatstadt gegangen und war an den Kneipen vorübergekommen. Dabei hat er gesehen, wie Männer die letzten Pfennige ihres mühsam verdienten Lohnes in Schnaps umsetzten. Betrunken torkelten sie durch die Straßen oder hielten sich an Laternenpfählen fest. Ihr Gebrüll dröhnte ihm noch in den Ohren, und er wurde das Elendsbild nicht mehr los. Es waren seine Leute, seine Landsleute, die der Trunksucht verfallen waren. Fortan bewegte er nur diese eine Frage, wie er den Trunkenbolden helfen könnte. Er wollte, daß sie Jesus kennenlernten und zu frohen Gotteskindern würden. Er gründete die Heilsarmee und schickte seine Soldaten in die Spelunken und Nachtlokale. Bis an die Enden der Erde sind die Männer und Frauen von der Heilsarmee gegangen, und ihr Einsatz ist unermüdlich. Sie genießen Achtung bei den Menschen, weil sie das Gebot Jesu wahr machen und Glaube zur Tat werden lassen. Sie betreuen die Außenseiter der Gesellschaft, geben ihnen Suppe und Seife und verkündigen ihnen das Evangelium. Vielleicht belächeln manche diese treuen Soldaten Christi, die mit ihren Gitarren an den Straßenecken stehen, christliche Lieder singen und Traktate verteilen. Aber der Erfolg gibt ihnen recht. Menschen finden auf diese Weise in ihre Kapellen und bekehren sich.

Diese große segensreiche Arbeit der Heilsarmee hat aber mit einem Mann angefangen, mit William Booth, dem das Elend seiner Landsleute zu Herzen ging. Er hat sein Lebenswerk auf Fels gebaut, und es hielt allen Anfeindungen und Widerständen stand.

Auch wir sind aufgerufen, unser Leben auf Felsengrund zu bauen, klug zu handeln und den Willen Gottes zu tun.

Ein Vater, der seine Kinder die Gebote Gottes lehrt, und eine Mutter, die ihnen biblische Geschichten erzählt und mit ihnen betet, stellen ihre Familie auf Felsengrund.

Johannes Busch erzählt von seiner Mutter:

„Wie war das bei uns am Sonntagmorgen so schön! Mama saß auf einem Stuhl, die Mädchen setzten sich auf ein kleines Bänkchen vor sie hin, und dann kämmte Mama sie sorgfältig eine um die andere. Dabei erzählte sie so spannend, daß wir Jungen auch drumherum lagerten, um mit zuzuhören. Ja, und wenn die letzte mit dem Zöpfeflechten fertig war, dann machten sich die ersten schon wieder ganz strubbelig, nur damit das Erzählen von vorne beginnen konnte.

Wie bangten wir um David bei seinem Kampf mit dem Riesen Goliath; wie litten wir mit Daniel in der Löwengrube; und dann der Sturm auf dem Meer! Wir hörten geradezu den Sturm aufheulen, der die Segel zerriß und die Ruder zerbrach. Die Jünger schrien in Todesnot: ‚Herr, hilf uns, wir verderben!' Aber dann hat sich der Heiland aufgerichtet im Boot und hat laut in das Tosen der Wellen hinausgerufen, so daß alle befreit tief durchatmeten: ‚Schweig und verstumme!' Da ward es ganz still.

Als wir am Kuban, kurz nach dem Fall Stalingrads, mitten in einem Sumpfgebiet, in dem es keine Deckung gab, fünfmal hintereinander einen Tieffliegerangriff erlebten, war ich völlig am Ende. Ringsum lagen die zerschossenen Leiber meiner toten Kameraden, die Schreie der Verwundeten gellten über den Sumpf hinweg. Ich war so verzweifelt, daß ich in großer Erschöpfung mein Gesicht in den schlammigen Boden preßte und nur noch hätte heulen können. Da hörte ich, wie in Kindertagen, neben mir die Stimme meiner Mutter so deutlich, als ob sie neben mir im Kinderzimmer stünde: „Da hat sich der Heiland aufgerichtet und hat laut in den Sturm hinausgerufen: ‚Schweig und verstumme!‘ Da ward es ganz still. Und noch einmal konnte ich wie damals tief und befreit aufatmen und der Kompanie die nötigen Befehle unbeschwert zurufen. So haben wir noch Verwundete auf den Verbandsplatz bringen und Leben retten können.

Das war das Beherrschende an Mama: ihre ungeheure Ehrfurcht vor der Bibel und ihr treuer und inniger Umgang mit ihr. Trotz ihrer ungeheuren Arbeitslast durch ihre große Familie – sie hatte neun Kinder – las sie täglich vier Kapitel in der Bibel.“

So baue ich mein Haus auf Felsengrund. Dieser Text führt mich ins Staunen hinein. Wie reich, wie bedeutsam kann Gott mein Leben machen, wenn ich seinen Willen tue und mich ihm unterordne. Ob dies nicht meine Bitte und Bekenntnis sein sollte: ‚Deinen Willen, mein Gott, tue ich gerne!‘

Philipp Friedrich Hiller

„Jesus Christus herrscht als König,
alles wird ihm untertänig,
alles legt ihm Gott zu Fuß;
aller Zunge soll bekennen,
Jesus sei der Herr zu nennen,
dem man Ehre geben muß."

Philipp Friedrich Hiller hat dieses uns allen bekannte und viel gesungene Lied gedichtet. In diesen Strophen finden wir den Schlüssel zum Leben dieses Mannes. Jesus ist für ihn König, Herr, Gründer der Gemeinde. Ihm ist alles untertan. Diesen Herrn liebte Hiller, ihm war er bereit zu gehorchen, zu folgen und zu dienen. Wie reich hat Gott diesen Liederdichter gesegnet, dem diese Zeilen aus der Feder geflossen sind. Die Liebe zu seinem Heiland und das Vertrauen in seine Macht sind die starken Kräfte, die ihn auszeichneten. Das spürt man jeder Zeile seiner Lieder ab. Wer war nun dieser Dichter und Liedersänger?

Geboren wurde er am 6. Januar 1699 in Mühlhausen an der Enz. Sein Vater war Pfarrer, starb aber schon sehr früh. Der Junge war gerade zwei Jahre als, als der Tod den Vater mit 37 Jahren von dieser Welt hinwegnahm.

Die Mutter, Maria Elisabeth, geb. Griesinger, zog mit ihren beiden Kindern zu ihren Eltern ins Pfarrhaus nach Großglattbach. Fünf Jahre später heiratete die junge Witwe den Bürgermeister Weiß von Vaihingen. Die Ehrfurcht vor Gott sog der Junge schon mit der Muttermilch ein, denn seine Mutter war eine sehr fromme Frau. Sie führte den Sohn in die Welt der Bibel ein und lehrte ihn das Beten. Hiller schreibt über seine Eltern: „Eine getreue und christliche Mutter hatte ich, die mich im Beten und zur Furcht Gottes angehalten hat. Einen rechtschaffenen und treu gesinnten Stiefvater bekam ich unter göttlicher Vorsorge. Aus etlichen augenscheinlichen Todesgefahren hat mich Gott in meiner Kindheit errettet."

Einmal wäre der Junge beinahe in der Enz ertrunken. Qualvoll war der Augenblick, als ihn das Wasser mitriß und er dem Tode nahe war. Seine Angst ringt ihm ein Versprechen ab: „Du zogst mich aus dem Tod, ach, mache mich getreu, daß ich, wie Moses war, in deinem Hause sei."

Später drangen die Franzosen ins Land, und die Familie mußte auf die Schwäbische Alb fliehen. In Heidenheim fand sie Zuflucht. Aber das Leid dieser Fluchttage hat ihn geprägt. Früh hat der Junge begriffen: Wir sind Fremdlinge auf dieser Erde. Diese Haltung schlägt sich in vielen seiner Lieder nieder. Beispielhaft führe ich nur eins an:

„Wir warten dein, o Gottes Sohn, und lieben dein Erscheinen.
Wir wissen dich auf deinem Thron und nennen uns die Deinen.
Wer an dich glaubt, erhebt sein Haupt
und siehet dir entgegen, du kommst uns ja zum Segen.
Wir warten deiner mit Geduld in unsern Leidenstagen.
Wir trösten uns, daß du die Schuld am Kreuz hast abgetragen;
so können wir nun gern mit dir uns auch zum Kreuz bequemen,
bis du es weg wirst nehmen."

Philipp Friedrich Hiller ist ein sehr ernstes, aber liebes Kind. Sein Sinn ist auf die Ewigkeit gerichtet. Wenn mal bei

Freunden oder im Verwandtenkreis vom Himmel und der ewigen Herrlichkeit die Rede war, rannen dem Jungen die Tränen über die Wangen, so bewegt war er.

Die Konfirmation und der erste Gang zum Abendmahl haben bei dem vierzehnjährigen einen unvergeßlichen Eindruck hinterlassen. Er dichtet darüber die Verse:

„Als ich das erstemal zu deinem Tische ging,
da weißt du, was mein Herz für einen Funken fing,
von deinem Geist entzünd't: ach, lösch ihn noch nicht aus,
ach, weihe dir mein Herz zu einem Gotteshaus!"

Von dem Tage an zog es ihn in die Nähe Gottes. Mit diesem Verlangen trat er dann mit 14 Jahren in die Klosterschule zu Denkendorf ein. Johann Albrecht Bengel, ein bedeutender Theologe, war dort zum Professor berufen. Diese väterliche Gestalt, die vom Glauben an Christus durchdrungen war, prägte den jungen Hiller. Zeit seines Lebens fühlte er sich mit Bengel verbunden, und später hat er dessen Gedankengut in seinen Liedern wiedergegeben.

Von Bengel wird erzählt, daß ihm die Ewigkeit an seiner Stirn abzulesen war, so in sich gekehrt lebte er. Sein Dasein war durch tiefen Ernst und vertrauensvollen Glauben gekennzeichnet. Nie haben die Zöglinge der Klosterschule vergessen können, wenn Bengel ihnen nach der Abendandacht mit bedeutungsvoller Stimme zurief: „Coligite animas!" – Sammelt die Gemüter!

Nach drei Jahren verließ Hiller die Klosterschule und wechselte ins Seminar nach Maulbronn über. Dort herrschten jedoch keine guten Zustände. Es mangelte an Zucht und Ordnung. Die lauten, bösen Buben hatten das Sagen und gewannen die Oberhand. Hiller, der ja scheu und schüchtern war, konnte sich ihnen nicht widersetzen. Er geriet in ihre Fänge. Es herrschten üble Sitten, und der junge Hiller wäre beinahe gestrauchelt. „Aber“, so bekennt er später, „Gott hat mich doch nicht verstockt werden lassen, sondern nach dem Reichtum seiner Barmherzigkeit wieder zu sich bekehrt.“ Diese jugendliche Verirrung findet in einem Vers aus dem Liederkästlein, einer Schatzkammer seiner Dichtungen, ihren Niederschlag:

„Ehmals war ich nicht ein Kind,
ehmals war ich nicht in Gnaden;
ich war auch, wie viele sind,
die sich Zorn auf Zorn aufladen.
Aber nun bin ich bekehrt;
Gott, das ist ein Danklied wert!“

Nach dem Seminar in Maulbronn besuchte Hiller das Stift zu Tübingen. Er blieb dort vier Jahre. Aus dieser Zeit sind uns keine besonderen Ereignisse bekannt. Er muß wohl sehr fleißig gearbeitet haben, denn seine Kenntnisse sind gediegen und solide. Im Jahre 1720 erlangt er den Titel des Magisters der Theologie. Er war 25 Jahre alt, als er Pfarrgehilfe in Brettach, Roßwang, Vaihingen und Schwaigern wurde.

Nur einmal in seinem Leben verließ er Württemberg, als er nach Nürnberg ging und dort Hauslehrer beim Marktvorsteher wurde. Diese Zeit war voller Anfechtung für den jungen Hiller. Fast konnte er sie nicht ertragen. Aber dieser innere Druck, den er zu erleiden hatte, setzte seine dichterischen Fähigkeiten frei. Das Gebetbuch von Johannes Arnd, „Paradiesgärtlein“, schrieb er in Verse um. Viele dieser verfaßten Verse fanden im Kirchengesangbuch ihren Niederschlag.

Im Jahre 1731 kehrte Hiller wieder in seine Heimat zurück. Er wurde Pfarrer in Neckargröningen. Es war eine kleine, arme Gemeinde, die ihn aber mit einem besonderen Reichtum bedachte. Er fand dort in Hessigheim, einer

Gemeinde, die zu seinem Pfarrbezirk gehörte, seine Frau Maria Regina. Sie war die jüngste Tochter des Pfarrers Schickhardt. Im Eheregister von Neckargröningen findet sich folgendes Gedicht:

„Herr, segne du uns selbst zu Amt und Ehe ein;
gib uns Barmherzigkeit, in beiden treu zu sein;
im Amt mit klugem Ernst, nur Jesum zu verkünden,
und in der Ehe uns mit ihm selbst verbinden.
Gib Segen in das Haus, so viel du selber willst;
doch segne du das Haus, daß du es ganz erfüllst.
Verknüpfe du ein Band, Geliebter, mit uns beiden;
so kann zwar uns der Tod, doch dich und uns nicht scheiden."

In seiner Gattin findet er die rechte Gehilfin, das erfahren wir aus dem „Schatzkästlein", einer Liedersammlung, die er seiner Frau widmet. Er schreibt von ihr in einem Lebensabriß von 1763, „daß sie bisher mit ihm in herzlicher Liebe und ungestörtem Frieden manches Leid ertragen und sein Amt ihm mit keinen Ärgernissen schwer gemacht habe." Die beiden liebten sich innig, und nach einer Überlieferung sollen sie 37 Jahre lang von einem Teller gegessen haben. Dieser Ehe werden 11 Kinder geschenkt. Aber drei davon starben schon sehr früh. Der älteste Sohn stirbt auf der Flucht vor den Franzosen mit 19 Jahren. Hiller erzog seine Kinder nach christlichen Grundsätzen, streng und ernst. Aber das Beherrschende war die Liebe und Herzlichkeit. Damit schuf er eine wohlige Atmosphäre in seiner Familie. Sechs Enkel durfte Hiller sein eigen nennen, und das Hillersche Geschlecht lebt in zahlreichen Nachkommen weiter. Einige von ihnen wanderten aus, und so kamen seine Lieder bis nach Amerika und in den Kaukasus.

Aber die große Familie stellte auch hohe Anforderungen an sein Portemonnaie, und das blieb meist leer. Es war für den Pfarrer mit dem niedrigen Gehalt von 600 Gulden im Jahr nicht leicht, diese Kinderschar zu ernähren. Immer bedrückten ihn die Sorgen um das tägliche Brot. Er stand aber mit beiden Beinen auf der Erde und sah die Dinge sehr nüchtern. Am Anfang zur vierten Bitte des Vaterunser, „Unser täglich Brot gib uns heute“, betet er:

„Gib Speise, die der Leib zum Leben nötig hat.
Mach uns von deinem Gut mit Wohlgefallen satt.
Gib ihm im Durst den Trank, der seine Kehle labe, und
daß er zum Geschäft gestärkte Kräfte habe.
Gib unserm Leib sein Kleid, das für die Blöße nützt,
zur Ehrbarkeit uns dient, vor Frost und Regen schützt.
Gib Segen im Beruf, daß wir uns christlich nähren,
gib Ruhe, daß kein Feind die Arbeit dürfe stören.
Schick Wetter, da man dankt, schaff Ernten, da man singt,
und gib der Erde Trieb, damit sie reichlich bringt.
Erhalte uns gesund von außen und von innen,
den Gliedern ihre Kraft, die Schärfe ihren Sinnen. Bedarf
der kranke Leib ein Mittel zur Arznei,
gib, daß sie wohl gewählt zum Wirken kräftig sei.
Gib unserer Jugend Zucht, gib Liebe in die Ehen,
laß deine Ordnung durch deinen Schutz bestehen.
Mach weise, wer gebeut, getreu, wer untertan,
daß sich Gerechtigkeit und Friede küssen kann.“

Ums tägliche Brot hat Hiller vor allen Dingen in der ersten Zeit, da die Kinder nacheinander geboren wurden, sehr kämpfen müssen. Es wurde erst besser, als er einen kleinen Weinhandel betrieb, der die Einkünfte beträchtlich aufbesserte. Aber das Wort aus 1. Timotheus 3,2-3 mahnte ihn in seinem Innern, denn er sah, wie so mancher durch den Alkohol seine Familie zerstörte. Denn es heißt in diesen beiden Versen: „Es soll ein Bischof unsträflich sein, eines Weibes Mann, nüchtern, mäßig, sittig, gastfrei, lehrhaft, nicht ein Weinsäufer, nicht raufen, nicht unehrliche Hantierung treiben, sondern gelinde, nicht zänkisch, nicht geizig."

Obwohl der Verkauf von Wein kein unehrenhaftes Gewerbe ist, war sein sensibles Gewissen vom Mißbrauch des Weins angefochten. Er wollte es Gott zutrauen, daß er ihn und seine große Familie auch ohne Weinhandel durchbringen würde.

Über diese Zeit hat er zwei Strophen verfaßt:

„Wenn wir von Tag zu Tagen,
was da ist, überschlagen
und rechnen dann die Menge,
so sind wir im Gedränge.

Doch, wenn wir mit Vertrauen
Ihm auf die Hände schauen,
so nähret allerwegen
uns sein geheimer Segen."

Später hat er sich dann durch seine schriftstellerische Arbeit noch etwas dazuverdienen können. Auch manch ein Freund hat ihn unterstützt. So wurde der Not gewehrt.

Vier Jahre blieb er in Neckargröningen, dann aber wurde er in seinem Geburtsort Mühlhausen zum Pfarrer berufen. Er wirkte 12 Jahre in großem Segen in dieser Gemeinde. Dann mußte er wieder seine Zelte abbrechen. Diesmal kam er nach Steinheim am Albuch. 1500 Seelen waren ihm anvertraut. Das ist eine große Gemeinde. Dadurch stieg auch sein Einkommen auf tausend Gulden jährlich. Es war ihm eine Freude, in dieser großen Gemeinde zu wirken. Alle seine Gaben und Kräfte setzte er ein, um Gottes Reich zu bauen. Aber diese so reich erfüllte Zeit wurde durch viel Leid überschattet. Mehrmals erkrankte seine Frau sehr schwer. Sie geriet dabei in die Nähe des Todes. Er bleibt aber nicht bei den Bedrohungen stehen, sondern findet immer wieder den Zugang zu Gottes Hilfe. Er schrieb über diese Zeit: „Daß er uns etliche Mal meine herzlich geliebte Frau, da sie dem Tode nahe gewesen, auf mein Flehen wiedergeschenkt hat, daß er mich bei dem Verlust meiner Stimme im Verborgenen gnädig geschützt hat gegen etliche heimliche Ränke, das stimmt uns eigentümlich."

Im dritten Jahr seiner Amtszeit in Steinheim überfiel ihn eine heimtückische Heiserkeit. Was er auch als Heilmittel anwandte, nichts wollte helfen. Er hatte eine so klangvolle, klare Stimme, und nun peinigte ihn ein schreckliches Krächzen. Das Predigen vor einer großen Gemeinde bereitete ihm Not. Schließlich wurde die Heiserkeit so schlimm, daß man ihn nicht mehr von der Kanzel aus verstehen konnte, und er mußte seinen geliebten Predigtdienst aufgeben. Ahnen wir, was es bedeutet, wenn einem Verkündiger die Stimme genommen wird? Das ist so ähnlich, wie wenn ein Maler das Augenlicht verliert oder ein Komponist taub wird. Wir wissen von Beethoven, daß er im hohen Alter von diesem schweren Schicksalsschlag getroffen wurde. Die letzten Werke, die er komponierte, konnte er selbst nicht mehr hören. Das ist ein großes Leid.

Für Hiller begann mit seiner Heiserkeit eine schreckliche Zeit. Er mußte sich einen Vikar nehmen, der den Kanzeldienst übernahm. Schmerzlich waren für ihn auch die bösen Gerüchte, die in Umlauf gebracht wurden. In einem Vers schreibt er:

„Uns bekriegen Haß und Lügen
oft von draußen in der Welt."

Von Albert Knapp, der Hillers Leben gründlich erforscht hat, wissen wir folgendes: „In der Gemeinde in Steinheim gab es etliche Männer, die Hiller übel mitspielten. Ohne Erbarmen und Mitleid fielen sie über ihren Pfarrer her. Schließlich wandten sie sich an den Dekan und verlangten, daß Hiller seine Gemeinde verlassen sollte. Auf dem Weg ins Dekanat nach Heidenheim fanden sie ein Blatt Papier, das Hiller zuvor bei einem Spaziergang aus der Tasche verloren hatte. Es enthielt ein wunderbares Lied. Bis ins Innerste wurden diese Männer von dem Lied berührt. Sie legten dem Dekan den Zettel vor und baten ihn, er möchte den Verfasser dieses Liedes als Hirte in ihre Gemeinde geben, denn ihr Pfarrer Hiller sei stimmlos geworden. Der Dekan aber kannte die scharf gestochene Schrift Hillers, ließ die Bürger von Steinheim im Rathaus versammeln, hörte ihre Beschwerden an und stellte ihnen Hiller als Verfasser des Liedes vor. Die betreffenden Männer wurden tief beschämt. Sie empfanden Reue über ihr schäbiges Verhalten, baten um Verzeihung und nahmen ihren Pfarrer wieder an. Es entstand ein herzliches Miteinander, das von Liebe und Verstehen geprägt war.

Aber trotz der Einsicht und Reue der Gemeindeglieder hatte dieses hinterlistige Treiben tiefe Spuren in Hillers Gemüt hinterlassen. Er war ja von seiner Veranlagung her ein sensibler, feinfühliger Mensch. Dieser seelische Druck, den er empfand, findet in einem Brief Worte, die Hiller an seinen Prälaten Bengel schreibt, mit dem er sich seit seiner Schulzeit aufs innigste verbunden wußte. Ergreifend sind folgende Zeilen: „Euer Hochwürden halten mir eine aus demütigem Vertrauen gehende Bitte zugut. Ich bin eine Zeit her in so schweren Anfechtungen, daß sie mir bisweilen übermenschlich zu sein scheinen. Ich bete, ich weine, ich schütte mein Herz aus, flehe um Wiedererlangung meiner Stimme; ich glaube unter dem Gebet und bin ruhig nach dem Gebet. Aber unversehens kehrt die Bangigkeit zurück, die Sorgen brechen wieder herein, ich hänge zwischen Furcht und Hoffnung. Ich stütze mich auf Matthäus 21,22: ‚Alles, was ihr bittet, so ihr glaubet, werdet ihr's empfangen.' Aber ach! Welche Einwendungen erheben sich dagegen: ‚Du bittest um Zeitliches.' Aber das ‚Alles' umfaßt auch dieses. – ‚Du betest nicht nach dem Willen Gottes.'

Aber er will doch, daß ich bete für meine Kinder, für mein Weib, für mein Amt. Ich bete als Vater, als Ehegatte, als Pfarrer. – ‚Aber eben als Pfarrer bist du Ihm wegen deiner Sünden mißfällig.' Sind denn meine Sünden nicht versöhnt durch den Sohn Gottes? – ‚Es ist zu groß, um was du bittest'. Doch was ist dem Allmächtigen zu groß? Hätte er freilich das Wort nicht selbst gesagt, so würde ich nicht wagen zu bitten. Unter dem legen sich die Wellen hie und da ein wenig; aber die Ruhe ist von kurzer Dauer, es folgt ein neuer Sturm ... So fahre ich denn getrost fort mit Beten und den täglich sich wiederholenden Kämpfen. Aber das kann ich nicht unterlassen, Dich, den Diener Christi, aufs angelegentlichste zu bitten, daß auch Du Deinen und meinen Herrn angehst und bittest, daß Er, da Er größer ist als mein Herz, sich Seines Willens gewiß mache, sei es durch Seine Hilfe, sei es, daß Er mir aus Seinem Worte Weisheit gebe zum Dulden, sei es durch Deinen Rat oder Deinen Trost oder Deine Belehrung."

Bengel verstand die Not dieses treuen Boten und versicherte ihm, daß er seiner Fürbitte gewiß sein dürfe. Ein Leben lang mußte Hiller dieses Kreuz tragen.

Auch wenn er nicht mehr auf die Kanzel steigen durfte, so war er doch nicht untätig. Der Schwerpunkt seiner Tätigkeit lag in der seelsorgerlichen Betreuung seiner Gemeinde. Er hielt auch noch Kinderlehre und Erbauungsstunden in seinem großen Wohnzimmer. Dazu reichte seine Stimme noch aus. Mit großer Bekümmertheit sah er, daß seine Gemeinde innerlich leer und ausgebrannt war. Liebevoll und herzlich sprach Hiller seinen anvertrauten Seelen Trost zu. Aus heiserer Kehle stellte er die Menschen unter den Zuspruch Gottes. Der Same des Wortes Gottes ging auf. Wer heute nach Steinheim kommt, darf noch die Spur von Philipp Friedrich Hiller sehen. Es gibt ein sehr lebendiges Gemeindeleben. Es soll rührend gewesen sein, wie Hiller mit den einzelnen Gemeindegliedern sprach. Das Entscheidende aber geschah im Verborgenen, wenn Hiller auf den Knien in anhaltender Fürbitte die Nöte der einzelnen Dorfbewohner vor Gott brachte. Viel stille Zeit verbrachte er im Studierzimmer, betrachtete das Wort Gottes und betete. Insgeheim sprach er alles Leid der einzelnen Gemeindeglieder offen vor Gott aus und war manchmal selber so darüber bewegt, daß ihm seine rotgeweinten Augen noch lange anzusehen waren.

Es war schon eine einzigartige Führung im Leben von Hiller, daß dieser Mann, der so gerne und mit Vollmacht predigte, so nach und nach stimmlos wurde. Er krächzte, und nur noch ganz leise war sein Reden zu vernehmen. Aber Hiller sprach danach auf eine andere Weise, durch seine Lieder. Es gibt zwei Bände seines „geistlichen Liederkästleins". Für jeden Tag grüßt ein Bibelwort, danach folgt eine kurze Auslegung, und zum Schluß dichtet er ein passendes Lied dazu. Sein „Liederkästlein" hat dreizehn Auflagen erlebt. Die letzte erschien 1976. Wie reich war sein Leben, wenn es auch äußerlich so begrenzt erscheint. Jesus war für ihn der Gewaltige, der Fürst, König und Herr. Hiller bezeugt mit seinen Liedern die Taten Gottes. Früh hat er selber die Barmherzigkeit Gottes erfahren, und so liegt ihm daran, diese große Tat der Barmherzigkeit zu rühmen und zu preisen. Er freut sich darüber, in der Nachfolge Jesu stehen zu dürfen, und fühlt sich eng mit Gott verbunden. Diese tiefe Liebe zu Christus öffnet ihm auch die Augen für sein eigenes Wesen. Ehrlich schreibt er über sich selbst: „Gott hat in meinem Amt unter vieler herzlicher Beschämung über meine Untreue, Unverstand, Leichtsinnigkeit, Trägheit und andere Unarten mich in dem Blute meines Heilandes die tägliche Vergebung meiner Sünden nach seiner ewigwährenden Barmherzigkeit reichlich empfinden lassen. Ferner hat er mich in der Liebe seines göttlichen Wortes erhalten und mich in der Erkenntnis Jesu Christi, meines Erlösers, wachsen lassen."

Wir alle kennen und lieben vielleicht auch das Lied „Mir ist Erbarmung widerfahren." Es wird sehr oft in Versammlungen und bei Glaubenskonferenzen gesungen. Als Losung zum 9. November wählt Hiller den Text aus

1. Timotheus 1,13: „Mir ist Barmherzigkeit widerfahren." Dazu lautet seine kurze Auslegung: „Ein Unbekehrter ist in seinem Sinn viel zu hochmütig, daß er das sagen sollte von Herzen; aber ein Bekehrter spricht vor Gott und den Menschen davon." Dann folgen fünf Strophen dieses Liedes von der großen Barmherzigkeit Gottes, die uns widerfahren durfte.

In diesen Versen wird die biblische Rechtfertigung aus dem Glauben als persönliche Begegnung mit dem barmherzigen Gott in der Person Jesu Christi dargestellt. Hiller macht ernst mit der Botschaft des Alten und Neuen Testaments über Gott. Der Gott der Barmherzigkeit ist zugleich auch der Gott des Zorns und des Gerichts. Vom Zorn, den wir verdient haben, spricht die Bibel so häufig, daß es besonderer Belege nicht bedarf. Doch Gott will die Rettung von uns Menschen, er will nicht, daß wir verloren gehen, ihm liegt nicht an einer Verurteilung des Sünders, sondern er bietet uns die Versöhnung an. Wie schreibt Paulus: „Gott war in Christo und versöhnte die Welt mit ihm selber." Diese Versöhnung ist möglich, weil Jesus für uns am Kreuz sein Leben gelassen hat. Der Zorn Gottes wurde durch das Blut seines einzigen Sohnes gestillt. Denn Jesus lud unsere Sünden auf sich und sühnte auf Golgatha für uns. Sein kostbares Leben ist der Preis für unsere Errettung. Nun gilt die Botschaft von Johannes: „Das Blut Jesu Christi reinigt uns von aller Sünde." Wem dieses Heil begegnet ist, kann voller Jubel mit Hiller singen:

„Gott, der du reich bist an Erbarmen,
reiß dein Erbarmen nicht von mir.
Und führe durch den Tod mich Armen,
durch meines Heilands Tod zu dir.
Da bin ich ewig recht erfreut
und rühme die Barmherzigkeit."

„Und rühme die Barmherzigkeit“, so dichtet ein Mensch, dessen Stimme versagte. Kein Wort des Bedauerns, der Klage, des Selbstmitleids kommt über seine Lippen. In einem Gebet lobt und preist Hiller seinen großen Gott: „Du bist es, dessen Rat ganz unerforschlich ist, und deine Weisheit fängt die Weisesten in der List. Was du geordnet, ist alles unvergleichlich. Du führst so wunderbar: wo nichts ist, gibst du reichlich, das Kleine machst du groß, du bringest Lust aus Leid, machst Finsternis zum Licht und Schmach zur Herrlichkeit. Gib, daß wir dir uns stets zur Führung überlassen. Wo wir den Weg nicht seh'n und deinen Rat nicht fassen; und wo wir uns verirrt, so rett und richte du zu deiner Weisheit Lob den Weg dem Himmel zu.“

Ein Lied, das ich auch sehr gerne singe und das überall in christlichen Kreisen gern gehört wird, stammt auch aus der Feder von Philipp Friedrich Hiller: „Ich will streben nach dem Leben, wo ich selig bin.“ Diese Verse rufen zur Nachfolge und zur Heiligung auf. Es ist den Versen aus Philipper 3,13-14 nachgedichtet: „Ich vergesse, was dahinten ist, und strecke mich zu dem, was da vorne ist, und jage – nach dem vorgesteckten Ziel – nach dem Kleinod, welches vorhält die himmlische Berufung Gottes in Christo Jesu.“

Jede Zeile ist geprägt von dem, was der Mensch zu seiner Rettung tun soll: streben, ringen, sich ausstrecken, laufen, eilen, ausrichten. Aber am Schluß bekennt Hiller demütig:

„Du mußt ziehen;
mein Bemühen ist zu mangelhaft.
Wo ihr's fehle,
fühlt die Seele;
aber du hast Kraft,
weil dein Wort ein Leben bringt,
und dein Geist das Herz durchdringt.
Dort wird's tönen bei dem Krönen:
Gott ist's, der es schafft.“

Es schmerzte Hiller furchtbar, daß nicht alle Menschen diese Sehnsucht nach Gott empfinden. Darum schrieb er: „O, daß alle Welt es wüßte, aber sie ist allzu blind, daß nur die, Herr Jesu Christe, die dich sehen, selig sind. O, wie würd ich alles lassen, dich recht in das Aug zu fassen."

Hiller zweifelte nicht am Wort von Gott. Er wußte, sein Reden ist wahrhaftig. Er verkündigte in seinen Liedern, daß wir durch die Kreuzestat Jesu zum Leben berufen sind, ja sogar zum ewigen Leben.

Hiller lebte in der Gewißheit: Christus kommt wieder. Dies ist das größte Ereignis, dem wir entgegengehen dürfen. Es kommt ein Tag, da wird unsere Freude keine Grenzen kennen, wenn wir Jesus in seiner Schönheit sehen dürfen. Aus dieser frohen Erwartung ist das Lied entstanden:

„Wir warten dein, o Gottes Sohn,
und lieben dein Erscheinen.
Wir wissen Dich auf deinem Thron
und nennen uns die Deinen.
Wer an Dich glaubt, erhebt sein Haupt
und sehet Dir entgegen;
du kommst uns ja zum Segen."

Aber noch ist es nicht soweit, noch stehen wir im Lebenskampf und müssen Anfechtungen ertragen. Wir sind umgeben von Gleichgültigkeit, Lieblosigkeit und Unterdrückung. Jesus beschreibt klar und knapp, wie es vor dem Weltende sein wird: „Die Ungerechtigkeit wird in den Menschen überhandnehmen, und die Liebe wird in vielen erkalten." Für uns Christen ist dies ein warnendes Zeichen, auf das wir achten sollten. Die Gottlosigkeit bedroht auch uns Christen, und es besteht die Gefahr, daß wir lau und träge werden. Deshalb gilt es, an Jesus festzuhalten und seinen Weisungen zu folgen. Er sagt selbst in der Bibel: „Ohne mich könnt ihr nichts tun." Dazu lautet die Auslegung von Hiller: „Selig ist, wer erkennen lernt, daß ihm der Herr Jesus unentbehrlich sei! Wer ohne ihn für sich selbst sein will, der betrügt sich; wer von ihm abweicht, geht verloren."

Auch das dazugehörende Lied ist uns Christen als Mahnung gesagt:

„Man kann nichts ohne Jesum tun,
wer auch was Gut's will üben;
die Sünde läßt das Herz nicht ruhn,
so kann es Gott nicht lieben.
Herr Jesu! gib mir deine Kraft,
daß ich nicht ohne Frucht und Saft
wie Reben muß verdorren.

Man kann nicht ohne Jesum sein,
daß man ein Leben habe;
das Leben ist in ihm allein,
und das ist Gottes Gabe.
Herr Jesu! daß mir nicht der Tod
hernach noch mit dem zweiten droht,
sei du mein ewig Leben.

Man kann nicht ohne Jesum sehn,
wer sonst ein Licht will wissen;
man weiß nicht, wo man hin soll gehn,
und tappt in Finsternissen.
Herr Jesu! sei nur du mein Licht,
daß ich im Tod und Leben
muß im Finstern bleiben.

Man kann nicht ohne Jesum gehn,
wer will zum Vater kommen;
man wird von Gott nicht angesehn
und wird nicht angenommen.

Sei du mein Weg, Herr Jesu Christ,
der du nun bei dem Vater bist,
und uns auch zu ihm führest.

Kurz, ohne Jesum ist kein Heil,
auf das wir könnten sterben;
hat nicht an ihm der Glaube teil,
so stürzt man ins Verderben.
Ich sterbe, Jesu, nur auf dich;
du hast die Kraft, du weckest mich,
daß ich dein Heil kann sehen.“

Auch wenn über Hillers Leben dunkle Schatten lagen und Anfechtungen ihn bedrängten, so gab es doch auch immer wieder Zeiten, da ihm die Sonne schien. Dankbar konnte er bekennen:

„So groß die leiblichen Wohltaten Gottes gegen mich gewesen sind, so ist doch seine Barmherzigkeit im Geistlichen an mir noch größer gewesen. Davon will ich nur etliches rühmen. Die erste geistliche Wohltat empfing ich in der heiligen Taufe, welche mich oft in Anfechtungen getröstet hat.

Meine Taufe freuet mich
mehr als mein natürlich Leben;
denn ein geistliches habe ich,
weil mir's damals Gott gegeben.
Und was hülf's, ein Mensch allein,
aber nicht ein Christ zu sein?

Hernach hat er noch in der Kindheit und dann bei dem Heiligen Abendmahl mein Herz kräftig gerührt und zum Gebet und Lobe Gottes eifrig angetrieben. Ferner hat er mich in der Liebe seines göttlichen Wortes erhalten und mich in der Erkenntnis Jesu Christi, meines Erlösers, wachsen lassen, auch mein amtliches Wirken, besonders in den kleinen Sonntagsstunden, und meine eben in diesen stimmlosen Jahren ausgefertigten Büchlein nicht ohne Segen sein lassen, welches hiermit zum Ruhme seiner unverdienten Barmherzigkeit gemeldet sei. Mein Letztes ist, daß ich seiner Verheißung traue und hoffe, er werde einst auch im Tode seine Barmherzigkeit nicht von mir reißen und mich einst auf den Versöhnungstod Jesu Christi, seines Sohnes, meines Herrn, selig hinsterben und in diesem die Auferstehung und das ewige Leben finden lassen."

Mit zunehmendem Alter fühlte sich Hiller immer mehr als ein Fremder auf dieser Erde, und er sehnte sich, zur Ruhe des Volkes Gottes eingehen zu können. Öfter sagte er: „Ich habe genug gelebt, ob mir gleich keine besondere Not das Leben entleidet."

Mit einem Lied brachte er diesen Wunsch zum Ausdruck:

„Herr, meine Leibeshütte
sinkt nach und nach zu Grab;
gewähre mir die Bitte
und brich sie stille ab.
Gib mir ein ruhig Ende,
der Augen matten Schein
und die gefaltnen Hände
laß sanft entseelet sein."

Diese Bitte wurde ihm bald, nachdem er das biblische Alter von 70 Jahren erreicht hatte, gewährt. Am 24.4.1769 erlitt er einen Schlaganfall. Die Seinen wurden durch ein Röcheln von ihm wach und eilten herbei. Als sie nach seinem Befinden fragten, sagte er mit leiser Stimme: „Mir ist so wehe!" Kurz danach stockte der Atem, und dieser so gesegnete Zeuge seines Herrn konnte in Gottes ewiges Reich heimgehen. Sein sehnlichster Wunsch war ihm erfüllt worden. Demütig, wie er gelebt hat, ist er auch gestorben. Er wollte keine Ehrung haben, allein Gott sollte gelobt und angebetet werden.

Unter den bekannten Gebeten Hillers fand ich auch eins, das über das Sterben spricht:

„Ach, Gott und Herr, ich lebe zwar, doch täglich in der Todsgefahr; ich leb und weiß doch nicht, wie lang, auch ist mir auf mein Sterben bang. Denn sterben muß ich, aber wann? Das ist's, was ich nicht wissen kann. Hingegen ist es dir bekannt, du hast die Zeit in deiner Hand. Wohlan, ich gebe mich darein! Soll diese Nacht die letzte sein, und ist dies Stündlein mir bestimmt, worin mein Lauf sein Ende nimmt, so tue, Herr, was du ersehn, dein Wille mag an mir geschehn, weil doch dein Rat der beste ist, wann der uns Zeit und Stunden mißt. Gib mir zum Sterben Willigkeit; mach aber mich zuvor bereit, daß ich für meinen Glaubensteil in Jesu suche all mein Heil; so hang ich ihm im Glauben an, daß ich auf ihn auch sterben kann ... Raff meine Seele nicht dahin in meinem unbekehrten Sinn, damit ich nicht in Sünden sterb und so in Ewigkeit verderb! Entzieh mir doch nicht deine Huld, gib mir Erkenntnis meiner Schuld, Scham, Reu und Leid ob diese Tat, und lehr mich flehn, wie David bat! Ja stelle meinen Augen hier noch die begangnen Sünden für, daß sie nicht erst der Jüngste Tag mir vor die Augen stellen mag, da ich mich nach versäumter Buß vor deinen Engeln schämen muß. Weck mich von allem sichern Traum; laß mir zu Buße Zeit und Raum, daß ich von Herzen beicht und sprich: Ach, Sünden, Sünden fühle ich! Ach, meine Schulden sind recht groß! Oh Vater, mach mich deren los! O Jesu, wasche du mich rein! O Geist, sprich mir ins Herz hinein! Ich bin ja doch dein Eigentum. Ich faß dein Evangelium, das tröstet in der Todesnacht, weil es im Glauben selig macht. Ach, Vater der Barmherzigkeit, verlaß mich nicht zur Sterbenszeit und nimm von mir nicht deinen Geist, der unser Heiligmacher heißt. Mein Herz liegt vor dir in dem Licht, und meines Herzens Zuversicht kann dir ja nicht verborgen sein; du siehst den Grund der Seelen ein. Und weil denn deine Gotteskraft den Glauben selber in mir schafft, erhalte mich bei Jesu Christ, bis daß mein Leben ewig ist. Herr, laß mich sterben, wann du willst, nur daß du mich mit Trost erfüllst! Gib mir ein End in deiner Treu, das sanft, verständig, selig sei! Herr Jesu Christ, mein höchstes Gut, ich bitt dich durch dein teures Blut: mach's nur mit meinem Ende gut!"

Freude und Anfechtung im Dienst für Gott

Unser Dienst für Gott lebt aus der Berührung durch seinen Heiligen Geist. Wenn sein Wort uns in die Wahrheit leitet und wir bereit werden, ihr gehorsam zu sein, erfahren wir eine Neubelebung unseres Dienstes. Unser Eifer für des Herrn Sache wird entfacht, ja sie wird uns wichtig und dringlich.

Manchmal sind wir der Meinung, Dienst für Gott sei etwas Besonderes und Gott müsse mit Wohlwollen auf uns herabschauen. Ja, wir schlagen uns an die Brust und denken: Leute, schaut her, was ich alles für Gott tue! Ich halte Kinderstunden, besuche Alte und Kranke, gebe regelmäßig meinen Zehnten, singe im Chor und nehme jede Woche an den Gebetsstunden teil. Aber Dienst für Gott ist etwas ganz Normales, und für den, der ihn von Herzen tut, ein Vorrecht.

Und doch wissen wir um die Gefahr, im Dienst für Gott müde zu werden. Wir arbeiten nur noch aus Gewohnheit, alles, was wir tun, wird zur Routine und zieht sich eintönig dahin. Die Liebe zu Gott brennt nicht mehr in unseren Herzen. Es fehlt uns die Freude und Begeisterung. Wir sind ausgebrannt und innerlich leer wie ein Ofen, der nicht mehr glüht. Der Dienst wird uns dann zu einer schweren Last. Wir sehen auch unser Unvermögen, fühlen uns überfordert und tun so, als müßten wir ganz allein die Verantwortung für das Evangelium tragen. Dabei sollte uns bewußt sein: Es ist nicht unser Wort, das wir ausrichten, es ist nicht unser

Haus, an dem wir bauen, sondern es ist Gottes Botschaft, und wir sind nur seine Botschafter, es ist sein Reich, und wir sind nur Handlanger.

Elias, der verzweifelte Prophet

Ich muß dabei an Elias denken, diesen Propheten des Alten Testaments. 450 falschen Propheten Baals und 400 Propheten der Aschera sagt er den Kampf an. Diese falschen Propheten haben Gottes Volk in die Irre geführt und es veranlaßt, nicht mehr auf die Gebote zu achten. Mit mächtiger Stimme ruft Elias dem Volk zu: „Wie lange hinket ihr auf beiden Seiten? Ist der Herr Gott, so wandelt ihm nach, ist's aber Baal, so wandelt ihm nach!" Das Volk schweigt, und ein solches Schweigen redet lauter, als Worte es vermögen. Und so bekennt Elias: „Ich bin allein übrig geblieben, aber Gott steht auf meiner Seite."

Elias weiß, mit Gott kann ich Wunder tun. So sammelt er das Volk um sich und baut den Altar wieder auf, der zerbrochen war. Er wird zum Rufer für Gott und vollstreckt sein Gericht an den Baalspriestern. Keiner der Verführer des Gottesvolkes darf entrinnen, sie müssen alle des Todes sterben.

Nun müßte man meinen, daß nach einem solch großartigen Sieg über die falschen Propheten Elias begeistert weiter für Gottes Sache eingetreten wäre. Aber Furcht überfällt ihn, die heidnische Königin könnte ihm nach dem Leben trachten und sich an ihm rächen. So sitzt Elias ganz entmutigt und verzweifelt unter einem Wacholderstrauch. Sterben will er, nur noch sterben. „Es ist genug, Herr, so nimm nun meine Seele von mir, denn ich bin nicht besser, als meine Väter waren."

Es ist erschütternd, den sonst so mutigen Mann hier resigniert und verzagt vor sich zu sehen. Ich kenne auch solche Zeiten, da ich nach Einsätzen wieder lau und träge wurde und am liebsten alle Aufgaben für Gott aufgegeben hätte. Mir fehlt oft im Dienst der lange Atem und das

Durchhaltevermögen. Nicht meine großen Worte sind entscheidend, nicht blinder Eifer, sondern mein Tun. „Seid aber Täter des Wortes und nicht Hörer allein!“ So mahnt uns die Bibel.

Petrus wird Menschenfischer

Ich werde an Petrus erinnert, der alles stehen und liegen ließ und Jesus nachfolgte. Mit ganzem Einsatz war er bei der Sache. Und es ist bestimmt keine Kleinigkeit, seine Tätigkeit aufzugeben und einer ungewissen Zukunft entgegenzusehen. Petrus war zutiefst überzeugt: Jesus ist mein Heiland, mein Herr. Wie er sich den Menschen zuwendet, das bewegt mich. Ich will in seine Fußstapfen treten. Wie oft hat Petrus bei Jesus Wunder erlebt, die ihn ins Staunen versetzten: zum erstenmal, als er Jesus begegnete und aufs Meer hinausfahren sollte. Am hellichten Tage waren die Netze voll von herrlichen Fischen, so daß er Mühe hatte, die Beute mit seinen Gefährten an Land zu bringen. Fast wären die Netze von der Menge der Fische zerrissen. Überwältigt von der Güte seines Meisters fällt Petrus Jesus zu Füßen und bittet: „Gehe von mir hinaus, denn ich bin ein sündiger Mensch.“

Wenn Jesus gibt, dann gibt er immer reichlich, ja verschwenderisch, in Hülle und Fülle, so daß wir von seiner Güte überwältigt werden. Es ist schon von jeher Jesu Art, wohlzutun und zu lieben. Ja, der Gottessohn verbindet sich mit unserer Bedürftigkeit. Seine Liebe und Güte sind die beste Motivation für unseren Dienst. Wir begreifen: Nicht wir dienen ihm, sondern er dient uns, und aus Dankbarkeit wollen wir unser Leben ihm zur Verfügung stellen. Unser Herz, unser Innerstes muß von ihm ergriffen werden. Ja, er muß in uns wohnen. Dann wird unser Dienst nicht zu einer Bürde, nicht zu einer drückenden Last, sondern zu einem wunderbaren Vorrecht.

Das Opfer eines kleinen Jungen

In einem Vortrag, den ich vor vielen Frauen hielt, erwähnte ich, daß mich ein Brief aus Rußland erreicht habe mit der Bitte, christliche Literatur zu schicken. Als ich den Umschlag in Händen hielt, staunte ich darüber, daß dieser Brief überhaupt den Weg zu mir gefunden hat. Da stand:

Blättermission
Marburg
Lotte Bormuth
Deutschland

Als ich mir den Absender anschaute, wußte ich, daß der Brief aus der Nähe zur chinesischen Grenze kam. Am anderen Tag sprach mich eine Mutter an und überreichte mir 50 DM. Sie stammten aus der Sparbüchse ihres Sohnes, der für Rußlands Christen betete. Ahnen wir, wieviel Wert 50 DM aus der Spardose eines Zehnjährigen besitzen?

Aus Liebe zu Jesus überwindet er jeden Vorbehalt und gibt alles, was er hat. Was hätte der Junge sich für dieses Geld kaufen können!

Als ich der Mutter gegenüber ein nachdenkliches Gesicht über ein so großes Opfer ihres Kindes machte, gab sie mir lachend zur Antwort: „Nehmen Sie es, Frau Bormuth, Sie hätten sehen sollen, wie Martins Augen strahlten, als er mir sein Kleingeld aushändigte. Schon das Zählen der Markstücke, die er in fünf Türmchen aufbaute, hat ihm Freude gemacht."

Das war wirklich ein gewaltiges Opfer, das mir aus der Spardose eines Jungen in die Hände gegeben wurde.

Von Martha und Maria

Der Dienst für Gott fordert immer ein Opfer, mit weniger gibt sich unser Herr nicht zufrieden. Auch Jesus hat für uns ein Opfer gebracht, als er sich ans Kreuz schlagen ließ. Unser Dienst lebt vom Opfer Jesu. Er kam auf diese Erde, damit wir einen Erlöser haben.

Schauen wir nur hinein in die Evangelien, da sehen wir, wie sehr er die Menschen geliebt hat. Bei Martha und Maria war Jesus zu Hause. Als Lazarus starb und die Schwestern untröstlich über den Verlust des Bruders waren, erweckte Jesus ihnen ihr Liebstes von den Toten.

Unser Dienst in der Nachfolge ist immer Antwort auf Jesu Handeln. Er hat uns zuerst gedient, und unser Opfer ist die Folge seiner großen Liebe.

Ein Blumengroßhändler erlebt Tröstung im Leid

In einer Hafenstadt Deutschlands lernte ich vor kurzem einen Großhändler kennen. Morgens um zwei, wenn alle anderen Menschen noch in den Federn liegen, bricht er mit seinem Lastwagen zu den riesigen Markthallen auf, um dort Blumen, Tannengrün und Bäumchen für Gartenanlagen zu verkaufen. Ein wahrlich schwerer Job in den zugigen, kalten Markthallen. Dieser Kaufmann holte mich mit seiner Frau am Hauptbahnhof ab, denn ich sollte in ihrer Stadt Vorträge halten und Menschen zu Christus rufen. Dem Blumengroßhändler und seiner Frau brennt es unter den Nägeln, das Evangelium auszubreiten. Schon im Auto begannen sie, mir von ihrem Erleben zu berichten. „Frau Bormuth, das war nicht immer so, daß wir in der Spur Gottes lebten. Erst vor ungefähr fünf Jahren hat uns Jesu Ruf getroffen, und wir setzten unsern Fuß auf neues Land. Ich war krank, todkrank sogar“, berichtete der Mann. „Mehrere blutende Magengeschwüre brachten mich an den Rand des Todes. Ich kam auf die Intensivstation einer Klinik. Die Ärzte hatten wenig Hoffnung, daß ich mit dem Leben davonkäme. Aber die aufgebrochenen Magengeschwüre waren nicht das einzige Übel, das mich und meine Familie bedrängte. Ich war seelisch kaputt, schwermütig, von bedrückenden Gedanken gequält. Seit einem halben Jahr wollte mir die Sonne nicht mehr scheinen. Ich war leer, ausgebrannt, verzweifelt. Längst konnte ich nicht mehr zum Markt fahren, denn ich hatte zu viele Ängste. Stellen Sie sich die riesig großen Hallen vor, und ich hatte Platzangst darin. Alles hatte mit einer Gürtelrose begonnen, die mir arg zu schaffen machte. Kein Mittel brachte Erleichterung oder gar Heilung. Was die Ärzte auch an Methoden anwandten, nichts wollte helfen. Schließlich nahm mich meine Mutter, die auch schwer erkrankt war, mit zu einem Besprecher. Sie hatte schon früher einmal Heilung von Depressionen durch diesen ‚Wundertäter' erhalten. Sie hoffte, daß mir durch diesen Geistheiler geholfen würde. Der Betrieb konnte es sich nicht leisten, daß ich schon so lang krank war. Meine Frau mußte für mich einspringen und zum Markt fahren. Dabei hatten wir drei noch kleine Kinder. Ich saß daheim herum und spielte mehr schlecht als recht den Hausmann. Schnelle Hilfe war unbedingt nötig. Der Gang zum Besprecher brachte mir Erfolg. Die Gürtelrose verschwand, wie sie gekommen war. Aber der Preis war hoch, den ich zu zahlen hatte, sehr hoch sogar. Ich mußte nicht nur viel Geld auf den Tisch blättern, das ich aus dem Betriebskapital abzwackte, sondern ich geriet in eine unbeschreibliche Verzweiflung hinein, und das machte unser Elend noch größer. Ich mied die Menschen und lebte in großer Zurückgezogenheit. Am liebsten wäre ich den ganzen Tag im Bett geblieben, denn da war ich sicher, daß niemand etwas von mir wollte. Ich wollte nichts sehen und hören und verfiel immer öfter in Todesphantasien. Auch meine Mutter litt unter Depressionen. Es gab viel Streit und Zank in unsern vier Wänden. Alt und jung waren sich nicht mehr hold und strebten auseinander. Eines Tages erhängte sich meine Mutter in unserm Schuppen. Es war grausig, was sich bei uns abspielte. Jeder beschuldigte den andern mit schweren Vorwürfen, und unsere junge Ehe wäre beinahe an den Konflikten zerbrochen. Wenn eine Freundin meine Frau nicht immer wieder ermutigt hätte: „Halt durch, Karin!“, meine Frau hätte die Kinder gepackt und wäre mit Sack und Pack zu ihrer Mutter gezogen. Ich war körperlich, seelisch, wirtschaftlich und familiär an einem Tiefpunkt angelangt. Die Magengeschwüre waren nur eine Folge all der ungelösten Probleme.

Nun lag ich auf der Intensivstation und mußte ständig an die Scherben denken, die ich angerichtet hatte. In dieser verzweifelten Situation besuchte mich ein Freund. Er brachte mir eine Bibel mit und las mir den 23. Psalm vor: „Der Herr ist mein Hirte, mir wird nichts mangeln. Er weidet mich auf einer grünen Aue und führet mich zum frischen Wasser. Er erquicket meine Seele; er führet mich auf rechter Straße um seines Namens willen. Und ob ich schon wanderte im finsteren Tal, fürchte ich kein Unglück; denn du bist bei mir, dein Stecken und Stab trösten mich. Du bereitest vor mir einen Tisch im Angesicht meiner Feinde. Du salbest mein Haupt mit Öl und schenkest mir voll ein. Gutes und Barmherzigkeit werden mir folgen mein Leben lang, und ich werde bleiben im Hause des Herrn immerdar.“

Plötzlich war mir, als würde eine kalte Nebelwand zerrissen. Licht brach durch und erhellte meine Finsternis. Wenn Gott das Wunder tut und mein Hirte sein will, dann kann mir geholfen werden. Sein Heiliger Geist schenkte mir diese Gewißheit. Zum erstenmal betete ich die Worte des Psalmisten nach: „Der Herr ist mein Hirte!“ innig und voller Hoffnung.

Von diesem Augenblick an ging es mit mir aufwärts. Nicht in Riesensprüngen, sondern in kleinen Schritten. Nichts konnte mir diesen Trost rauben, daß ich in Jesu Hand geborgen war. Er nahm mich an Leib und Seele kranken, ungetrösteten Menschen an, hielt mich in seinen Armen und heilte meine Wunden. Zunächst besserten sich die Magengeschwüre, ich durfte die Intensivstation verlassen. Die Ärzte konnten nur sagen: „An Ihnen ist ein Wunder geschehen!“

Dann aber setzte auch die Heilung meiner seelischen

Wunden ein. Es waren meine schönsten Augenblicke, wenn mein Freund am Krankenbett saß, mir aus der Bibel vorlas und mit mir betete. Als es mir gesundheitlich besser ging, nahm er mich zu einem Seelsorger mit. Im Gebet sagte ich allen teuflischen Mächten ab, bekannte meine Sünden und übergab mein Leben an Christus. Auch meine Frau wurde Christ, und unsere schon fast zerbrochene Ehe durfte wieder genesen.

Diese innere Erneuerung deckte aber auch meine Schuld auf. Jesus legte seinen Finger auf all die Stellen, die nicht in Ordnung waren. Noch heute habe ich kräftig an meiner Steuerschuld zu zahlen, die sich durch Schwarzgeld angehäuft hat. Jetzt, da Jesus mein Herr und Chef geworden ist, will er mich ehrlich und aufrichtig haben. Auch über mein Geld soll er das Sagen haben, ich bin ihm verantwortlich. Dabei mache ich die Erfahrung: Gebe ich dem Kaiser, was des Kaisers ist, werde ich nicht ärmer, sondern mein Geschäft darf unter dem Segen Gottes aufblühen.

Und als ob dies nicht des Glücks genug wäre, tat Jesus noch ein Übriges. Er schenkte uns ein viertes Kind, einen gesunden Sohn. Dieses Kind ist uns eine besondere Gabe, ein Überraschungsbaby. Die Ärzte haben mit dem Kopf geschüttelt, wie meine Frau mit ihren 38 Jahren und ihrer Zuckerkrankheit noch schwanger werden konnte. Sie rieten zur Abtreibung, aber das kam für uns nicht in Frage.

Wir beteten und vertrauten Gott und erlebten Wunder. Diese Geburt war in jeder Beziehung ein Risiko. Mit einer Steißlage kam unser Baby auf die Welt. Als meine Frau fast keine Kraft mehr hatte, schrie sie unter furchtbaren Schmerzen auf: „Herr Jesus, hilf mir!“ Und unser Jonathan erblickte das Licht. Ein Jubel brach in der Familie an. Mutter und Kind waren wohlauf.

Wir haben viel Freundlichkeit und Durchhilfe erfahren, so daß wir Gott mit unserm Leben ein Dankeschön sagen möchten. Fortan soll unser Dasein zum Dienst für Gott ausgerichtet sein. Wir gründeten einen Hausbibelkreis. Mit einer einzigen Frau fing ich das Bibellesen an. Zunächst war ich sehr entmutigt. Denn ich hatte viele dazu eingeladen, und nur eine ältere Besucherin betrat unser Haus. Als meine Frau an diesem Abend zu einer Elternversammlung mußte und ich allein mit unserm Gast dasaß, wollte ich schon alles hinschmeißen. Aber ich wurde an das Wort Jesu erinnert: „Wo zwei oder drei in meinem Namen versammelt sind, da bin ich mitten unter ihnen." Heute blüht unser Hauskreis. Wir müssen immer noch zusätzlich Stühle herbeischaffen. Meine Frau hat außerdem einen Treffpunkt für Mütter aufgebaut. Gott segnete unseren dürftigen Anfang. Menschen fanden zum Glauben an Gott. Wir sind überaus glücklich darüber. Morgen ist nun das Frauenfrühstück. Meine Frau war schrecklich aufgeregt, wie viele denn kommen würden. Aber stellen Sie sich vor, wir hatten noch nie so viele Anmeldungen. Unser Raum im Gemeindehaus platzt aus allen Nähten. Es werden fast hundert Frauen kommen."

Soweit das Gespräch mit meinem Gastgeber. Eigentlich waren wir viel zu schnell an seinem Haus angelangt. Ich hätte ihm noch gerne weiter zugehört. Dieser Blumengroßhändler hätte mir sicher noch weiteres darüber zu sagen gehabt, wie er in seinem Alltag das Staunen über Jesus Christus erlebt.

An dieser Lebensgeschichte wurde mir deutlich, wie unser Dienst in der Freundlichkeit Gottes begründet ist. Er dient uns zuerst, er kümmert sich um unsere Not, rührt an unseren Schwachstellen, deckt Sünde auf und vergibt sie uns. Darüber bricht Freude bei uns an, und unsere Einsatzbereitschaft wird geweckt.

Der Vornehmste soll aller Knecht sein

Wir kennen im Neuen Testament eine Geschichte, in der zwei Brüder zu Jesus kommen und ihm ihre Wünsche unterbreiten: „Meister, wir wollen, daß du uns tust, was wir bitten. Gib uns, daß wir in deiner Herrlichkeit einer zu deiner Rechten und einer zu deiner Linken sitzen!"

Diese beiden Zebedäussöhne verknüpfen Dienst und

Lohn miteinander. Sie stellen Forderungen an Jesus. Aber ihr Meister erteilt ihnen eine eindeutige Absage: „Ihr wißt, daß die weltlichen Fürsten herrschen und die Mächtigen unter ihnen haben Gewalt. Aber so soll es nicht unter euch sein. Sondern, welcher groß werden will unter euch, der soll euer Diener sein, und welcher unter euch der Vornehmste sein will, der soll euer aller Knecht sein."

Hier stellt Jesus das Verhalten der Menschen auf den Kopf. Nicht Geltungsdrang, Ansehen, Machtgelüste sind bei Jesus gefragt, sondern die Hingabe und Dienstbereitschaft. Es ist im Grunde eine Freude, Jesus zu dienen.

Eva von Tiele-Winckler, ein Vorbild des Dienens

Von Eva von Tiele-Winckler – sie war die Gründerin des Friedenshorts – wird uns folgendes berichtet: Am 29. September 1890 wurde die neue Wirkungsstätte von Eva von Tiele-Winckler eingeweiht. Der Feier lagen die Einsegnungsworte zugrunde: „Brich dem Hungrigen dein Brot", und „Die so im Elend sind, führe in dein Haus." Diese Bibelworte waren ja Schwester Evas Leitspruch. Es ergab sich fast wie von selbst, daß sie von nun an Mutter Eva genannt wurde.

Als die Gäste gegangen waren, kehrte Mutter Eva wieder ins Schloß zurück. Der Vater wollte es so. Dies bedrückte sie aber sehr, denn sie wäre gerne bei ihren Pfleglingen geblieben. So sagte sie zum Vater: „Ich kann keine Mutter sein, wenn ich nicht auch drüben bei meinen Kindern schlafen darf." Das griff dem Vater ans Herz, und er sagte nur ein Wort: „Geh!" Wehmut klang in dieser Aufforderung mit, aber Eva wußte, daß jetzt die Stunde gekommen war, wo sie sich ganz von ihrer Familie lösen mußte. Sie packte selbst ihr Bettzeug zusammen und trug es hinüber zum „Friedenshort". Darüber schreibt sie:

„Also hatte Gott doch gehört! Ich durfte schon die erste Nacht, nachdem ich nun als Mutter den Segen am Altar empfangen hatte, in dem von Gott geweihten Hause schlafen. Nun war es erst richtig mein ‚Hochzeitstag', und Jesus war mein Bräutigam. Von Schlaf war allerdings in dieser ersten Nacht nicht viel die Rede. Das Lager war hart, keine Gardine am Fenster, und der Vollmond leuchtete herein. Vor mir lag das neue, wunderbare Leben. Was würde es bringen? Nun war ich frei zum Dienst, frei für Gott und die Armen. Da habe ich mich in dieser Nacht aufs neue ihm hingegeben und geweiht und die Stunden im Gebet und Flehen zugebracht, bis es Morgen wurde und ich aufstand, mein Tagwerk zu beginnen. Ach, es war ein mühseliger Anfang, und es ist gut, daß man nicht alles vorher weiß, wie es kommt. Ob wohl viele Werke so kümmerlich anfangen wie der kleine ‚Friedenshort'?"

Das Haus füllte sich schnell. Ein Ehepaar, das gemeinsam ins Gefängnis mußte, brachte seine beiden Kinder. Dann kam ein junges verkrüppeltes Mädchen, eine verwahrloste Greisin fand den Weg zum Friedenshort, und viele Sieche und Kinder drängten durchs Tor in das neuerrichtete Haus. Außerdem kamen 100 Tageskinder. Ein großes Arbeitsfeld lag vor der jungen Mutter Eva.

Der reiche Vater gewährte ihr ein Wirtschaftsgeld von 3000 Mark jährlich. Abends mußte Eva zum Essen ins Schloß kommen. Darauf bestand der Vater. Als er bei dieser Gelegenheit fragte, wie viele Betten belegt wären, und sie ihm antwortete: „Vierzig", war er ganz bestürzt. „Für nur fünf haben wir das Haus eingerichtet, und dafür war auch das Geld berechnet worden." Der Vater war bewegt und eröffnete seiner Tochter, daß ihr mit ihrem 25. Geburtstag nunmehr 12000 Mark aus dem Erbe des mütterlichen Vermögens zur Verfügung stünden. Allerdings müßten davon jedes Jahr 2000 für eine Erholungsreise ausgegeben werden. Die Tochter willigte ein. Zum ersten Mal hatte Mutter Eva viel Geld zur Verfügung.

Da ging die Gottesmagd in die kleine Kapelle zu ihrem

Herrn und legte ihr Leben Gott zu Füßen. Die Verführungsmacht des Geldes wurde ihr bewußt, und sie empfand die Angst vor dem falschen Gebrauch. Gott und seinem Dienst weihte sie jeden Pfennig. Als Erbin war sie niedergekniet, als schlichte Verwalterin von Gottes Lehen stand sie auf. Der Gott allen Silbers und Goldes hat aber solch einer treuen Verwalterin noch große Schätze anvertrauen können. Es sollten noch Millionen durch ihre Hände gehen.

Das Versprechen, das sie bei Antritt ihres Erbes gegeben hatte, löste sie ein, indem sie asthmakranke Kinder auf ihre Erholungsreise mit in die Schweiz nahm. Einmal fand sie in einem schlichten Gasthaus eine Unterkunft, doch Mutter Eva war deshalb sehr angefochten. Der Tochter aus vornehmem Haus haftete noch der gewohnte Anspruch an. Sie tat Buße darüber und betete: „O mein Herr Jesus, wenn es mir wieder so schwer wird wie heute, arm und gering zu sein vor den Menschen und den unteren, niederen Weg zu gehen, wie es sich für deine Magd schickt, so laß mich daran denken, daß es dir nicht zu schwer und zu niedrig war, mit Sündern zu essen, bei verachteten Zöllnern einzukehren und zwischen Mördern am Kreuz zu sterben. Und wenn mir der zugewiesene Platz zu schlecht vorkommt, so laß mich voll Scham daran denken, daß du, der Herr Himmels und der Erden, auch um meinetwillen so arm wurdest, daß du keinen Ort hattest, dein Haupt hinzulegen. Herr, erbarme dich über mich und reinige mich von allen Sünden."

Später holte Pastor Bodelschwingh Mutter Eva nach Bethel und betraute sie mit der Leitungsaufgabe seines Mutterhauses. Er hatte ganz richtig erkannt, welch hohe Führungsgaben in ihr steckten. Sie wurde Oberin. Diese Versetzung ist Mutter Eva nicht leicht gefallen. Sie wäre lieber bei ihren Pfleglingen im „Friedenshort" geblieben. Aber da sie sich von Gott geführt wußte, nahm sie diese Berufung an. Sie blieb aber im Herzen die demütige, schlichte Mutter.

Davon zeugen zwei Begebenheiten: Mutter Eva mußte verreisen. Auf dem Weg zum Bahnhof stießen sie und ihre

Begleitung auf eine sehr elende Frau. Mutter Eva fragte sie gleich nach ihrem Kummer. Nun hörte sie, daß diese Frau von ihrem Mann mißhandelt und verstoßen worden war und nun Tag und Nacht umherirrte. Da wies Mutter Eva ihre Schwester an, dieses Häufchen Unglück mitzunehmen und zu pflegen. Die Schwester wurde verlegen und sagte der Mutter, daß kein Bett mehr frei sei. Sie wisse nicht, wohin sie sie legen solle. „O, das trifft sich ja gut“, sagte Mutter Eva sogleich, daß ich für einige Tage nicht da bin. Lege sie in mein Bett!“

Ein anderes Mal klingelte es am Schwesternhaus. Mutter Eva öffnete selbst die Tür, und vor ihr stand eine ganz verkommene Frau voller Wunden und Ungeziefer. Mutter Eva zog sie schnell in ihre Stube, schloß die Tür ab und machte sich daran, sie zu baden und zu reinigen, suchte frische Kleider heraus und zog sie ihr an. Dann schloß sie die Tür wieder auf, und draußen standen beschämt die Schwestern, aber auch der liebe Pastor Bodelschwingh, der sich vergnügt die Hände darüber rieb, daß sein Evchen so barmherzig gehandelt hatte.

Die Fußwaschung Jesu

Jesus selbst hat uns ein Beispiel gegeben, wie wir recht dienen können. Wir kennen fast alle die Geschichte von der Fußwaschung. Er, der Meister, bindet sich selbst die Schürze um, holt eine Schüssel voll Wasser und wäscht seinen Jüngern einem nach dem andern die Füße. Petrus ist entsetzt: „Solltest du, mein Herr, mir die Füße waschen?“ begehrt er auf. „Nimmermehr erlaube ich dies.“ Schlicht antwortet Jesus: „Werde ich dir nicht die Füße waschen, so hast du kein Teil an mir.“

Und dann heißt es in Johannes 13,12: „Da er nun ihre Füße gewaschen hatte, nahm er seine Kleider und setzt sich wieder nieder und sprach abermals zu ihnen: Wißt ihr, was ich euch getan habe?

Ihr nennt mich Meister und Herr und sagt es mit Recht,

denn ich bin es auch. Wenn nun ich, euer Herr und Meister, euch die Füße gewaschen habe, so sollt ihr auch euch untereinander die Füße waschen. Ein Beispiel habe ich euch gegeben, damit ihr tut, wie ich euch getan habe."

Die Demut steht einem Nachfolger Jesu gut an. Es gibt im Reich Gottes keine großen oder geringen Dienste. Jede Arbeit ist wichtig. Ich erinnere mich, wie ich einmal von einer Passionsfreizeit nach Hause kam. Ich hatte Wunderbares mit Jesus in diesen Tagen erlebt, und das Schönste geschieht immer dann, wenn Menschen zu Christus finden. Ich war begeistert vom Wirken meines Herrn, hatte mich doch Jesus Anteil nehmen lassen, wie die Teilnehmer vom Wort der Bibel bewegt wurden. Sie kamen, bekannten ihre Sünden und traten in die Nachfolge Jesu. Nun kam ich am Ostersonntag früh wieder zu Hause an. Wir hatten an einen jungen Mann ein Zimmer vermietet, der schon mehrmals in die Psychiatrie hatte aufgenommen werden müssen. Jedesmal konnte ihm nach einer intensiven Behandlung geholfen werden, und er wurde wieder in unser Haus entlassen. Ängstlich stand Herr Meier dann an der Tür und fragte, ob denn sein Zimmer noch frei sei. Über zwei Jahre war alles recht gut gegangen. Die Depotspritzen, die er regelmäßig in der Klinik erhielt, verhalfen ihm zu einem fast normalen Leben. Die Ärzte betreuten ihn liebevoll. Dann aber hatte er es sich in den Kopf gesetzt, er könne ohne Medikamente auskommen, und erlitt einen kräftigen Rückschlag. Seine Ängste nahmen zu, ja sie wurden so übermächtig, daß er sich nicht mehr aus dem Haus traute. Schließlich blieb auch sein Zimmer verschlossen, und er ließ niemanden zu sich herein. Mein Mann hatte natürlich die Verschlechterung bemerkt und schickte mich gleich zu Herrn Meier.

Ich ging die Treppe hoch, klopfte an seine Tür, und erst nach längerem Zureden öffnete er sie mir. Was ich dann an Dreck vorfand, verschlug mir fast die Sprache. Herr Meier kauerte auf einer total verschmutzen Decke auf der Erde. Er zitterte am ganzen Körper. Seit einigen Tagen hatte er sein Zimmer nicht mehr verlassen. Es stank nach Exkrementen, und der Urin war in Flaschen gesammelt. Auf seinen Kissen lag Erbrochenes, und der Aschenbecher quoll vor Zigarettenkippen über. In diesem Augenblick wäre ich am liebsten rückwärts zur Tür ausgewichen, so ekelten mich der Dreck und der Gestank an. Aber ich wurde an Jesus erinnert, wie er den Schmutz und Dreck unserer Sünden auf sich genommen hat. Auch meinen Schmutz lud er auf sich. Er, der Reine, machte sich an mir seine Hände schmutzig, ja er gab sogar sein Leben für mich ans Kreuz, damit ich mit dem Vater im Himmel versöhnt würde. Aus dem Handeln Jesu gewann ich Kraft, mich an die Arbeit zu wagen. Ruhig ging ich auf Herrn Meier zu: „Kommen Sie mit mir, ich richte Ihnen ein Bad."

Ich half dem jungen Mann, sich seiner beschmutzten Kleider zu entledigen, stand ihm bei, als er in die Wanne stieg, brachte ihm frische Kleidung und richtete ihm in der Küche ein Frühstück. Er war hungrig wie ein junger Wolf und stürzte sich aufs Brot und die Wurst. Während er aß, telefonierte ich mit dem diensthabenden Arzt, der sogleich zwei Pfleger schickte. Herr Meier wurde wieder in die Klinik gebracht.

An diesem Ostersonntag bestand mein Gottesdienst darin, daß ich Besen und Schrubber zur Hand nahm und Ordnung im Zimmer von Herrn Meier schuf. Drei Maschinen Wäsche wusch ich an diesem heiligen Feiertag, weil der Gestank sonst nicht zu ertragen gewesen wäre.

Im stillen mußte ich denken: Ist dies nicht auch Gottesdienst, wenn ich einen Kranken bade, ihm das Erbrochene vom Fußboden aufwische, ihm zu Essen gebe und ihn in die Klinik bringen lasse? Als mein Mann von der Osterkonferenz nach Hause kam, zog er seinen schwarzen Anzug aus und half mir, die Spuren dieser Psychose zu beseitigen.

Jesu Handeln ist einzigartig

Wir können Gott nur dienen, wenn wir die Not des andern an uns selber verspüren. Sie muß zu unserer Not werden.

Für einen Christen ist der Dienst für Gott etwas ganz Normales und nichts Außergewöhnliches. Keiner sollte auf seinen Dienst stolz sein. Jesus lebte unter seinen Jüngern wie ein Diener. Sein Auftrag war gewaltig. Er verkündigte das Evangelium, das Heil, wie Menschen gerettet werden können. Herzlich nahm er sich der Leute an. Hungrige sättigte er mit Brot, Lahme konnten wieder gehen, Taube hören, Blinde sehen, und Tote weckte er wieder auf. Jesus verrichtete seinen Dienst unter viel Gebet. „Er hat", wie Thielike in seinem Buch „Das Bilderbuch Gottes" schreibt, „Zeit und Gelassenheit genug, bei dem einzelnen stehen zu bleiben. Er geht in die Zöllnerstuben und zu den einsamen Witwen und den verachteten Prostituierten, geht zu den Außenseitern der Gesellschaft und ringt um die Seele der einzelnen. Die unglücklichen, verlorenen Kinder seines Vaters im Himmel sind ihm wichtig. Jesus erkennt die Qual der Kranken, die Angst der zerschlagenen Gewissen, die Not der Sterbenden, das Unrecht der Bedrängten, die Traurigkeit der Ungeliebten. Er sieht und fühlt mit dem Herz des Heilandes. Er leidet mit dem Herzen seiner erbarmenden Liebe, so als geschähe das alles an seinem eigenen Leibe."

Jesu Reden war deshalb so gewaltig, weil er in dieser innigen Verbindung mit seinem Vater im Himmel stand. Er kam aus der Stille, er ruhte in der Ewigkeit, darum ist sein Wirken dynamisch, kraftvoll. Seine Verkündigung wird zu einem Wort der Gnade oder der Korrektur und stellt immer vor die Entscheidung. Jesus war ein treuer Beter. Die besten Stunden gehörten seinem Vater. Nach außen hin gesehen mag es scheinen, als verschwende er seine Zeit, aber von Gott her beurteilt, wirkte er Heil und versöhnte die Menschen mit Gott. Das ist wahrer Gottesdienst, wenn wir von Jesus lernen und innerlich zur Ruhe kommen. Betend wollen wir für die uns anvertrauten Menschen einstehen.

Der Schatz im irdenen Gefäß

Aber unser Dienst ist auch von Unvermögen, Trägheit und Sünde gezeichnet. Manchmal überfällt uns eine schreckliche Müdigkeit, und unser Eifer erlahmt. Wer könnte behaupten, daß er immer Gott mit reinem Herzen dient? Paulus braucht ein treffendes Bild im zweiten Korintherbrief, wenn er schreibt: „Wir haben einen Schatz in irdenen Gefäßen." Unser Menschsein gleicht einem irdenen Gefäß, das angeschlagen, beschmutzt ist und viele Risse aufweist. Vielleicht sind auch Stücke aus ihm herausgebrochen, und es wirkt unansehnlich. Man könnte es auf den Abfallhaufen werfen, gäbe es nicht dieses wunderbare Geheimnis: Gott hat seinen Schatz in dieses Gefäß gelegt. Es ist ein kostbarer, unbezahlbarer Schatz. Seinen eigenen Sohn senkt der Vater hinein in dieses zerbrechliche Gefäß, und das macht seinen Wert aus.

Einmal stand ich in Bruchsal auf dem Bahnsteig und wartete auf meinen Zug, der mich nach Hause bringen sollte. Über eine Woche war ich unterwegs gewesen, um das Wort Gottes zu verkündigen. Es war zugig und kalt, und so holte ich mir mein rotes Kopftuch aus dem Koffer. Der Herr, der mich an den Bahnhof gebracht hatte, schaute mich von oben bis unten an und bemerkte: „Frau Bormuth, was bin ich froh, daß man es Ihnen nicht anmerkt, wieviel Geld Sie in Ihren Taschen haben." Zum besseren Verständnis muß ich anmerken, daß mir die Gottesdienstbesucher und die Teilnehmerinnen des Frauentages eine große Kollekte für die Mission mitgegeben hatten. Und dieses Geld trug ich in meiner Handtasche. „Wissen Sie, ich müßte doch große Angst um Sie haben, ob Sie denn auch heil in Marburg ankommen. Ihnen geht es wie Marco Polo. Kennen Sie Marco Polo? Das war nämlich ein großer und berühmter Abenteurer. Er kam einmal in eine Stadt, und die Bewohner fragten ihn, wer er denn sei. ‚Ich bin Marco Polo', gab er ihnen zu verstehen. Die Leute blickten ihn verwundert und zugleich skeptisch an und entgegneten ihm: ‚Sie sind in

Ihrem schäbigen, alten Mantel nie und nimmer der Marco Polo. Der Marco Polo ist ein kluger und reicher Mann, ein Wissenschaftler und Entdecker.' Da schlug Marco Polo seinen abgetragenen Mantel auf und zeigte den Leuten das Futter. Darin blinkte, leuchtete und funkelte es nur so vor Diamanten und Edelsteinen. Nun glaubten die Menschen, daß vor ihnen wirklich dieser berühmte Forscher stand. Ihnen, Frau Bormuth, geht es genauso wie Marco Polo."

Ich mußte schmunzeln und überlegte auch sogleich, ob ich mir statt des grauen Lodenmantels und des Kopftuchs nicht einen eleganten, farbenprächtigen Mantel und einen Hut zulegen sollte.

Durch dieses lustige Erlebnis wurde ich auf das Pauluswort aufmerksam. Äußerlich sieht es uns Christen niemand an, welchen Schatz wir in unserem oft so zerschlagenen, unansehnlichen Gefäß tragen. Aber innerlich darf die Person Jesu aus uns herausleuchten. Ja, es ist wahr: „Wir tragen einen Schatz in irdenen Gefäßen."

Jesus Christus ist die Motivation für unseren Dienstauftrag. Wenn ich meine Arbeit ihm zu Gefallen tue, wenn es mir um Jesus Christus geht, um ihn allein, dann werde ich ihm auch mein Bestes geben. Es wird mir ein Vorrecht sein, daß ich ihm überhaupt dienen darf. Im Einsatz für Gott sollten wir nicht oberflächlich und lässig sein. Wer seine Verkündigung nur aus dem Ärmel schüttelt, muß sich nicht wundern, daß seine Botschaft auch ärmlich ist.

Mir kommt dabei die Geschichte eines schwäbischen Pfarrers in den Sinn. Die Glocken läuteten schon zum Gottesdienst, und er saß noch immer in der Badewanne. Laut rief er seiner Ehefrau zu: „Luise, hol mir schnell eine frische Unterhose und eine alte Predigt. Ich muß mich jetzt beeilen, sonst werden die Leute unruhig und der Küster muß zu lange die Kirchenglocken läuten!"

Ich hoffe, diese Geschichte ist nur eine Anekdote, denn von den Schwaben weiß man, daß sie überaus fleißige Leute sind und ihr Bestes geben. Auch die geistlichen Herren.

Und noch ein Erlebnis fällt mir zu diesem Punkt ein.

Nach Abschluß seines zweiten theologischen Examens übernimmt ein junger Pfarrer seine erste Stelle. Er nimmt seinen Dienstauftrag sehr ernst und versucht zunächst, seine Gemeindeglieder kennenzulernen. Mühsam sind die Hausbesuche, aber er geht zielstrebig von Familie zu Familie. Dabei gelangt er auch an das Gartentor einer Witwe, die gerade die Beete für die Frühjahrssaat richtet. „Kommen Sie nur, Herr Pfarrer. Schön, daß Sie Ihr Weg auch zu mir führt. Seit mein Mann im Januar verstorben ist, bin ich doch sehr einsam. Der Garten war immer das Hobby meines Mannes. Ich habe ihm nur beim Säen und Unkrautjäten geholfen. Es fällt mir schwer, nun alles allein zu schaffen. Der Rücken schmerzt, die Beine sind müde, und an meinen Händen zeigen sich schon bei den wenigen Spatenstichen die Schwielen. Aber schön, daß Sie bei mir reinschauen, Herr Pfarrer."

Nach der herzlichen Begrüßung und einigen freundlichen Worten fragt der Pfarrer die Witwe: „Haben Sie nicht noch ein paar Gummistiefel von Ihrem Mann im Keller stehen? Ich grabe Ihnen schnell die Beete um." Die alte Frau staunt nicht wenig, als der Pfarrer sein schwarzes Jakett auszieht und an einen Ast hängt. Er schlüpft in die Gummistiefel, und in einer Dreiviertelstunde hat er das ganze Land umgegraben und glatt gerecht.

„Aber so etwas habe ich noch nie erlebt, daß ein Herr Pfarrer mir den Garten bestellt!" Bald sprach es sich in der ganzen Gemeinde herum: „Unser neuer Pfarrer kann nicht nur gut predigen, sondern auch fleißig schaffen. Er ist wirklich ein Pastor, ein Hirte, er sorgt sich sogar um Frau Langes Frühjahrsbestellung."

Mit diesem fröhlichen Zupacken hatte der junge Pfarrer die Herzen seiner Gemeindeglieder gewonnen.

Für Gott ist das Beste gerade gut genug.

Jakob Esau ein mutiger Zeuge

Wer sich mit solch einem Ziel Gott zur Verfügung stellt, der erfährt, daß er mit göttlichem Reichtum und mit Vollmacht des Geistes begabt wird. „Dem Aufrichtigen läßt es der Herr gelingen." So steht es in seinem Wort. Ich werde bei diesem Gedanken an Jakob Esau erinnert. Ich lernte ihn kennen, als er das Marburger Bibelseminar besuchte, dessen Leiter mein Mann ist. Er ließ sich zurüsten zum Verkündiger des Evangeliums. Aus Rußland stammte der Familienvater. In seinem Dorf gab es treue Christen, die es mit ihrer Nachfolge sehr ernst nahmen. Sie konnten es nicht lassen, die Botschaft vom Heiland der Welt auszurichten, auch wenn sie deshalb verfolgt, gepeinigt und in Zwangslager verschleppt wurden.

Als der letzte seiner Brüder von den Kommunisten gefangengenommen und nach Sibirien in die Verbannung gebracht wurde, kamen die Mütter und Großmütter des Ortes zu ihm und baten ihn: „Jakob, du mußt jetzt in den Riß treten und predigen!"

„Aber", erwiderte er, „das geht nicht, ich kann nicht Gottesdienst halten. Meine Zunge ist zu schwer, ich kann nicht predigen."

„Aber du mußt!" erklärten die Frauen. „Es bleibt dir keine andere Wahl. Du bist allein übrig geblieben. Alle andern Männer sitzen um Christi willen im Gefängnis in Sibirien. Du mußt die Sache mit Gott weiterführen. Laß es dir eine heilige Verpflichtung sein. Unsere Kinder müssen von Gott hören, denn wir wollen nicht, daß sie wie Heiden aufwachsen und dann nicht in den Himmel kommen."

Jakob Esau nahm die Herausforderung an. Er konnte nicht länger ausweichen, auch wenn die Bereitschaft, das Wort Gottes zu verkündigen, ihn das Leben kosten könnte. Unter Ängsten begann er, von Jesus zu zeugen, und Gott beglaubigte seinen schlichten Dienst. Menschen fanden durch ihn den Weg ins Himmelreich, und er wurde ein mutiger Bekenner. Heute dient Jakob Esau in Deutschland seinem Herrn mit großer Vollmacht.

Das ist wahrhaftig Gottesdienst. Der Vater im Himmel stellt sich auf die Seite eines einfachen Mannes und läßt ihn Menschen für sein Reich werben. Das verleiht seinem Dienst Glanz und Schönheit. Unsere Armut hindert Gott nicht daran, Frucht zu wirken. Treffend hat Martin Luther gesagt: „Wir sind Bettler, das ist wahr." Und doch darf über dem Dienst für Gott eine wunderbare Weihe und Größe liegen. Nur Berufene können Gott dienen, und wer Jesus als seinen Herrn erkannt hat, wird auch zugleich berufen. Darin zeigt sich unsere Würde. Immer ist Gott der Handelnde, wir aber Werkzeuge in seiner Hand. Dieser Würde sollten wir uns bewußt sein.

Der Preis stimmt, aber der Job ist zu gering

Eine amerikanische Firma, die Erdöl fördert, sucht Mitarbeiter, die die Sprache des betreffenden Landes beherrschen. Dabei stoßen sie auf einen Missionar und wollen ihn anwerben. Der Missionar zögert. Der Firmenchef bietet 10 000 Pfund. Der Missionar lehnt ab. Der Firmenchef verdoppelt das Preisangebot und bietet 20 000 Pfund. Der Missionar sagt: „Nein!"

Schließlich wollen sie ihm 50 000 Pfund zahlen und ihn mit dieser hohen Summe locken. Der Missionar ist aber nicht zur Annahme dieses Berufes bereit.

Enttäuscht fragt ihn der Firmenchef: „Warum lehnen Sie dieses tolle Angebot ab? Ist Ihnen das Geld immer noch zu wenig?"

Ruhig aber bestimmt antwortet der Missionar: „Der Preis stimmt, aber der Job ist zu gering."

Wenn uns doch diese Denkweise bewußter wäre, wir würden unsere Kräfte noch ganz anders Gott zur Verfügung stellen. Wir sähen es als Chance an, unserem Herrn das Beste zu geben und würden ihm frohen Herzens dienen. Jesus ist es wert.

Schwester Hanna Liu, die erste chinesische Diakonisse, erzählt aus ihrem Leben

Mein Leben war von viel Not, Drangsal und Verzweiflung gezeichnet, aber das andere muß ich auch zur Ehre meines Herrn bekennen: Gott hat seine bewahrenden, segnenden Hände über mir gehalten, und ich durfte seine Wunder erleben. Geboren bin ich am 18. November 1905.

Der erste Schlag, der mich wie ein Blitz aus heiterem Himmel traf, war der Tod meines Vaters, den ich sehr geliebt habe. Ich war gerade drei Jahre alt, als er aus unserer Mitte gerissen wurde. Plötzlich stand unsere Mutter mit ihren vier Kindern allein da. Sie war untröstlich und wußte nicht, wie sie uns alle durchbringen sollte. Mein ältester Bruder besuchte schon die Universität, aber wie sollten nun die Mittel für sein Studium aufgebracht werden? Meine Mutter wußte nicht aus noch ein. Wir waren bettelarm geworden und hatten auch keine reichen Verwandten, die uns hätten unterstützen können. Aber meine Mutter war eine tatkräftige und vor allen Dingen fleißige Frau. Mit Handarbeiten jeglicher Art sicherte sie uns das tägliche Brot. Tag und Nacht schuftete sie für uns, stach sich die Finger blutig, um am nächsten Morgen unsere hungrigen Münder stopfen zu können.

Nach dem Tode meines Vaters war meine Mutter sehr unglücklich, manchmal steckte sie in einer tiefen Depression. Sie war durch keinen Zuspruch zu trösten.

Da kam eines Tages eine alte Tante, die ihr Elend sah. Sie machte ihr Mut: „Ich bringe dich zur Jesushalle, damit du vom Heiland und Erlöser hörst, das wird dich aus deiner Traurigkeit herausreißen und dir Zuversicht geben."

„Aber wie kann ich zur Jesushalle gehen, wo ich doch junge Witwe bin? Nach den Sitten unseres Landes kann ich mich noch nicht einmal auf der Straße blicken lassen. Was sollen die Menschen von mir denken? Ich komme noch ins Gerede."

Die Tante wußte Rat. Sie begleitete Mutter, meinen Bruder und mich zum Gottesdienst, und dort fand Mutter zum Glauben an den lebendigen Gott. Nun war sie nicht länger verzweifelt, sondern empfing Trost und große Freude. Sie war durch die Erlösungstat Jesu Christi am Kreuz auf Golgatha ein Gotteskind. Der Vater im Himmel stand ihr in ihrer Witwenschaft bei. All die wunderbaren Verheißungen, die Gott Witwen und Waisen zugedacht hat, nahm sie für sich in Anspruch und wurde mutig, den Weg des Glaubens zu gehen. In einer lebendigen Gemeinde hatte Mutter eine geistliche Heimat gefunden. Brüder und Schwestern, die auch den Herrn Jesus liebhatten, standen ihr zur Seite und begleiteten sie auf ihrem nicht leichten Weg.

Unserer Mutter war es ein großes Anliegen, daß auch wir Kinder früh den Heiland kennenlernen, und so erzählte sie uns die biblischen Geschichten. Jeden Abend knieten wir vor dem Bett auf einem Teppich nieder, und Mutter befahl uns der Gnade Gottes an. Sie betete: „Lieber Heiland, bewahre meine beiden noch kleinen Kinder und gib ihnen Gnade, daß sie dich kennenlernen, dir gerne nachfolgen und dann auch in ganzer Hingabe dir dienen. Amen!"

Dieses Gebet hat der Herr wunderbar erhört. In unserer Gegend arbeitete eine Missionarin aus Deutschland. Schwester Berta Preisinger gehörte zum Deutschen Gemeinschafts-Diakonieverband und war dem Ruf des Herrn nach China in die Mission gefolgt. Das Herz dieser Diakonisse brannte darauf, die vielen Bewohner Chinas mit dem Evangelium zu erreichen. Es war schon eine besondere Führung, daß wir mit Schwester Berta bekannt wurden. Sie unterstützte uns tatkräftig und sorgte dafür, daß ich eine Schule besuchen konnte.

Dann wurde Schwester Berta in eine andere Stadt versetzt. Der Kontakt zu ihr blieb aber erhalten.

Plötzlich erkrankte meine Mutter schwer. „Kind", schaute sie mich mit bangen, großen Augen an, „um dich sorge ich mich am allermeisten. Du bist ja nur ein Mädchen und zudem noch so klein. Deine drei Brüder werden besser durch's Leben kommen. O, was bin ich um dich in Ängsten!"

In ihrer großen Bedrängnis und Not ließ sie Schwester Berta zu sich rufen. Vor dieser bewährten Missionarin schüttete sie ihr Herz aus. Sie beteten auch miteinander. Es war der Diakonisse klar, daß sie hier helfen müsse, und sie versprach meiner Mutter: „Ich sorge für Hanna." Das war für meine sterbende Mutter ein starker Trost. 14 Tage später konnte sie im Glauben an ihren auferstandenen Herrn Jesus Christus in die Ewigkeit eingehen.

Drei Monate nach dem Heimgang meiner Mutter siedelte ich zu Schwester Berta Preisinger über. Ich durfte sogar eine Missionsschule besuchen und absolvierte das Seminar. Es fehlte mir nur noch ein halbes Jahr, dann hätte ich sogar den Abschluß für das Oberseminar erreicht. Ich wurde auch als Hebamme und Krankenschwester ausgebildet.

Aber diese hoffnungsvolle Zeit schwand schnell dahin. Am politischen Horizont zogen dunkle Wolken auf. Der Kommunismus breitete sich in Windeseile aus. Die Christen im Lande wurden bedroht. In dieser Zeit des politischen Umsturzes empfing ich meine Berufung zum Dienst für Gott. Am 1. Januar 1927 traf ich meine Entscheidung, fortan ehelos zu leben und im Auftrag Jesu Christi Menschen zu helfen und ihnen das Evangelium zu verkündigen. Ich kam zu Schwester Berta, zu Schwester Anna und Schwester Margarete nach Kuming.

Als in Oshan in der Bibelschule dringend Hilfe benötigt wurde, siedelte ich nach dort über. Eine Fülle von Arbeit wartete auf mich. Die Christengemeinden waren durch den einsatzfreudigen Dienst der Missionare stark gewachsen. Über 400 Menschen gehörten zur Gemeinde. Der Versammlungsraum platzte aus allen Nähten. So wurde beschlossen, eine neue Halle zu bauen. Unter großen Opfern der Gläubigen wurde der Kirchsaal gebaut, und

1932 konnte er fertiggestellt werden. 19 Jahre lang durfte dann das Evangelium in dieser Halle verkündigt werden, und viele Menschen fanden das Heil in Christo. Es war eine segensreiche Zeit, die aber bald von der kommunistischen Machtübernahme unterbrochen wurde. Die deutschen Missionare wurde 1951 des Landes verwiesen. Schwester Berta ging nach Deutschland zurück, und ich blieb allein. Ich litt sehr unter dieser gewaltsamen Trennung. Die Last der Verantwortung lag nun zentnerschwer auf mir. Mir fehlte auch ein männlicher Mitarbeiter, und ich wußte nicht, wie ich die Menge der Arbeit auf dem Gelände bewältigen sollte. In meiner großen Not rief ich den Namen des Höchsten an und bat ihn um ein richtungweisendes Wort. Ich mußte neu die Gewißheit empfangen: Ich bin von meinem Herrn Christus zum Dienst gerufen, und ein Wort der Verheißung soll mir Glaubensmut schenken. Ich erkannte nämlich, daß ich von all diesen politischen Unruhen verwirrt und hin- und hergerissen wurde. Fast hätte ich die Orientierung verloren. Es war eine Mahnung aus Jesu Mund, die mich auf der rechten Spur hielt: „Wer seine Hand an den Pflug legt und sieht zurück, der ist nicht geschickt für das Himmelreich“ (Lukas 9,62).

Nun wußte ich mich von Gott bestätigt, seine Botin in China zu sein. Als Diakonisse galt es, meinem Volk das Evangelium zu verkündigen, Wunden zu heilen, Not zu lindern und Gemeinde zu bauen. So hielt ich auf meinem Platz aus, auch als sich die Bedingungen immer mehr verschärften und der Druck zunahm.

Eine besondere Aufgabe wurde mir durch zwei Pflegekinder zuteil. Sie waren Waisen geworden. Ihr Vater war Evangelist gewesen. An diesen beiden Jungen nahm ich Mutterstelle ein und versuchte so zu handeln, wie Schwester Berta an mir gehandelt hat. Ich unterrichtete sie im Wort der Bibel und lehrte sie Evangeliumslieder singen. Auch das Beten mit ihnen war mir wichtig.

1952 wurde uns die Kirchenhalle weggenommen, und es bestand Gefahr für alle Gotteshäuser. Unter dem politischen Druck wurden manche Christen lau und fielen von ihrem Herrn ab. Ich wagte es, nur noch leise mit meinen Pflegekindern zu singen, so gefährlich war die Situation.

Das Jahr 1954 wurde für mich zu einem denkwürdigen, ja leidvollen Jahr. Am 24. August 1954 kam der Tag meiner Gefangennahme, und ich verbrachte dann 21 Jahre meines Lebens in Gefängnissen, Arbeitslagern und Straflagern.

Eines Morgens ging mein sechsjähriges Pflegekind in die Schule, danach erschien plötzlich die Polizei vor meinem Haus, und ich mußte einfach mitgehen. Die Türen wurden abgeschlossen, und als der Schlüssel in der Hosentasche des Polizisten verschwand, wußte ich, ich würde wohl nie mehr in dieses Haus kommen. Es war mir wie eine innere Eingebung. Meiner Bibelfrau konnte ich noch leise zuflüstern: „Sei vorsichtig, paß auf dich auf, ich werde nicht mehr wiederkommen!"

Als sie zu schluchzen und zu weinen begann, rief ich ihr zu: „Hab keine Angst, mein Leben steht in Gottes Hand!"

Ich wurde zum Verhör gebracht und war erstaunt, als eine Gruppe junger Männer schon auf mich wartete. Sie sollten mich verklagen. Ich kannte diese jungen Menschen, denn in Krankheitsnöten hatte ich sie gepflegt oder sie mit Medikamenten versorgt. Ich begriff gar nicht, wie sie mich jetzt beschuldigen konnten, denn ich war mir keiner Schuld bewußt. Ich habe meinem Land als Diakonisse gedient, Wunden verbunden, Müttern in Kindsnöten geholfen, Schmerzen gelindert und die frohe Botschaft vom Heil durch Jesus Christus verkündigt. Nun sollte ich urplötzlich zur Verbrecherin abgestempelt werden? Als mir diese jungen Männer gegenüberstanden, konnten sie kein Wort der Anklage über ihre Lippen bringen. An ihren bekümmerten Gesichtern sah ich, wie sie mit mir litten. Sie waren von der Staatsmacht mißbraucht worden und sollten zu diesen verleumderischen Aussagen gezwungen werden. Als sie kein Wort hervorbrachten, sagte schließlich der Beamte zu mir: „Du bist gefangen!"

Als ich abgeführt wurde, sah ich noch, wie der Jüngste

sich vor Gram auf den Boden warf und seine Hände in die Erde grub. Er war verzweifelt. Der Schmerz um mich drückte ihn in den Staub, denn er liebte mich. Am liebsten hätte er nichts mehr hören und nichts mehr sehen mögen.

In der Zelle war es mir, als fiele ich in ein tiefes Loch, aus dem es kein Heraus mehr gäbe. Die ersten dreizehn Monate verbrachte ich in Einzelhaft. Mich plagte die Frage: Was habe ich nur verbrochen? Wie ein Dieb, wie ein Mörder sitze ich jetzt hinter Zuchthausmauern. Tagelang konnte ich nichts essen und magerte sehr ab. Mein Kopf war ganz blutleer. Nur das Trinken von Wasser hat mich am Leben erhalten. Aber nach 20 Tagen wurde ich ernstlich krank.

Und doch hat Gott Mittel und Wege, seine Kinder zu erhalten. In der Zeit der schrecklichen Anfechtungen erkannte ich, daß der Ort meines Dienstes ja gar nicht so entscheidend ist. Ob ich nun in der Kirche oder im Zuchthaus Zeuge für meinen Herrn bin, spielt doch gar keine Rolle. Diese Erkenntnis gab mir Mut, meine neue Situation anzunehmen. Aber nun folgte die Zeit der zermürbenden Verhöre.

Nach 13 Monaten der Einzelhaft wurde ich zur Arbeit abkommandiert. Zunächst war es Gartenarbeit. Mir wurde befohlen, auf den Straßen den Pferdemist zu sammeln, und zwar mußte ich ihn mit bloßen Händen zusammenkratzen, weil man mir keine Schaufel und keinen Besen gegeben hatte. Mit dieser Schikane sollte ich gedemütigt werden.

Später kam ich dann in die Küche. Ich war aber fast zu schwach für diese harte Arbeit. Einmal überkam mich eine Ohnmacht, und ich wäre fast in den heißen Kessel gestürzt, wenn mich nicht eine Mitgefangene gehalten hätte. Ich kam auch mal in die Näherei, wo ich Filzstiefel anfertigen mußte. Das war für mich eine unsägliche Pein, denn ich erhielt keinen Fingerhut. Meine Nägel waren so zerstochen, daß sie eiterten und sogar abfielen, denn der Filz war sehr hart. Blutüberströmt waren meine Hände, aber keiner hatte Erbarmen mit mir. Nur ein Fingerhut, ein einfacher, kleiner Fingerhut hätte meine Qual gemildert, aber dieser war mir verwehrt. Aber ich mußte noch mehr Schikanen durchleiden. Nach der schweren Arbeit am Tage war ich am Abend todmüde. Ich sank nur so auf mein Strohlager. Aber schlafen war fast unmöglich. Wie oft wurde ich nachts zu Verhören abgeholt. Kaum war ich nach einem solch demütigenden Verhör wieder auf meinem Strohlager eingedöst, rüttelte wieder ein Wachsoldat an meiner Tür und holte mich erneut ab. Solche Methoden kommen einer Folter gleich, und ich war manchmal total am Ende, ausgelaugt, müde und erschöpft. Ich litt auch darunter, daß die Wachsoldaten mir meine Brille, meinen Stift und mein Schreibpapier abnahmen. Ich durfte nicht lesen, schreiben, schlafen, essen. Es war eine elende Zeit, an die ich nur mit Schrecken zurückdenken kann. Aber immer, wenn ich meinte, ich sei am Ende und mir bliebe nur der Ausweg, mir das Leben zu nehmen, griff Gott auf wunderbare Weise ein. Manchmal in Form eines Traumes, und später bewegte mich öfter das Wort der Bibel: Eure Ältesten werden Träume haben. Ich sah Schwester Berta im Traum vor mir, und ich hörte ihre Stimme, als sie sprach: „Kind, bleib dem Heiland treu und sei nicht zimperlich, es wird sich bald etwas ändern."

Es änderte sich wirklich etwas, denn ich kam auf die Krankenstation und mußte nun andere Häftlinge medizinisch betreuen. Diesen Beruf hatte ich ja erlernt, und er brachte mir Erfüllung.

Am meisten litt ich darunter, daß ich keine Bibel hatte. Aber ich übte mich darin, Bibelverse laut aufzusagen, die ich bei Schwester Berta schon als Kind „geschluckt", das heißt: auswendig gelernt hatte. Ich sprach ja gut Deutsch, und das konnten die Wachsoldaten nicht verstehen. So konnten sie es mir auch nicht verbieten.

Einmal träumte ich, daß ich auf dem Dach des Gefängnisses den Kopf meines Heilandes sah, als er noch ein Kind war. Eine Schar Engel umgab ihn. Jesus vermittelte mir durch diesen Traum die Erkenntnis, er würde mich aus diesen schrecklichen Mauern befreien, aber es würde noch eine lange Zeit dauern. Angedeutet war diese Botschaft durch das Auftreten Jesu als Kind. Ich sollte nur standhaft dieses Martyrium ertragen. So vermag sich Jesus seinen Leuten zu offenbaren, auch wenn ihnen die Gemeinschaft mit anderen Gläubigen und das teure Bibelbuch fehlen.

Am meisten hat mich die Gewißheit gestärkt, daß ich unter den Gefangenen für meinen Herrn zu zeugen hatte. Allerdings mußte ich mich um einen guten Wandel bemühen, wenn mir mein Anliegen gelingen sollte. Bei Schwester Berta hatte ich, wie ich schon erwähnte, Deutsch gelernt. So kannte ich viele Lieder und Sprüche auswendig. In Stunden der Anfechtung habe ich dann laut in Deutsch und Chinesisch gesungen, z. B. „So nimm denn meine Hände“ oder „Jesu, geh voran.“ Ich wiederholte auch immer die Bibelsprüche, um sie nicht zu vergessen.

Gestärkt durch die Gottesworte betete ich und lobte meinen Herrn auch hinter dicken Gefängnismauern. Und doch gab es Situationen, in denen ich in schreckliche Ängste geriet. Manchmal schlugen die Gefängniswärter die Häftlinge zusammen, um aus ihnen Geständnisse herauszupressen. Mir wurde zum Beispiel vorgeworfen, ich hätte kleine Kinder getötet, um dann daraus Seife herzustellen. Dafür wurde ich zu 21 Jahren Haft verurteilt. Ich fühlte mich durch derart böswillige und schauderhafte Anschuldigungen tief verletzt. Es hat lange gedauert, bis ich diese Schmach überwinden konnte. Mich quälte auch der Gedanke, ob ich jemals wieder die Freiheit erlangen und in meine Gemeindearbeit zurückkommen würde? Ich hatte auch keine Ahnung, wie es den andern Christen ergangen war. Mußten sie auch so viel leiden wie ich? Diese Ungewißheit marterte mich fast zu Tode, und immer öfter dachte ich an Selbstmord. Auf dem Höhepunkt der Anfechtung habe ich um ein Zeichen gebetet, das mir der Herr wieder in Form eines Traumes schenkte. Ich träumte, ich hätte in der Kirchhalle ganz allein gesessen und hätte gearbeitet. Dann sind viele Leute gekommen. Sie trugen schwere Lasten, unter andern Dingen auch Kinder auf ihren Rücken. Ich wachte auf und gelangte durch dieses Erlebnis zu neuer

Hoffnung. Gott hatte mir durch diesen Traum klargemacht, daß er mich noch gebrauchen wollte.

Wie wunderbar hat sich dieser Traum dann später erfüllt. Nach 21 Jahren strengster Haft wurde ich dann freigelassen. Heute darf ich Gott in der Kirchhalle dienen. Menschen kommen mit schrecklichen Belastungen und Sündennöten zu mir, und ich darf ihnen Seelsorgerin und Priesterin sein. Im Namen Jesu darf ich ihnen die Vergebung der Sünden zusprechen und mit ihnen beten.

Aber damals im Gefängnis war es ungeheuer schwer, denn die Ernährung ließ viel zu wünschen übrig. Wir bekamen etwas Reis und minderwertiges Gemüse, z. B. Kohlstrünke, die sonst dem Vieh vorgeworfen werden. Nur ganz selten bekamen wir eine kleine Portion Fleisch. Oftmals konnte ich Gott nicht verstehen, warum er mich in eine solche Hölle geschickt hatte. Im Winter war es bitter kalt, und ich fror entsetzlich. Meine wattierte Decke hatte inzwischen viele Löcher bekommen, und als ich am 5.8.1975 nach 21 Jahren entlassen wurde und mit dieser Decke unter dem Arm durch das geöffnete Gefängnistor schritt, rutschte sie mir heraus und fiel zur Erde. Durch diesen Fall löste sie sich in viele kleine Teilchen auf. Ich ließ die Lumpen auf der Straße und im Dreck liegen. Aber 21 Jahre hat sie mich in der unbeheizten Zelle vor Kälte geschützt.

Wie hat mich doch gerade in der Anfechtung der Herr hindurchgetragen. Es war seine Gnade, seine große Gnade, die mich bewahrt hat. Aus Dankbarkeit will ich ihm mein Leben lang dienen. Jetzt bin ich 85 Jahre alt, aber täglich gibt mir der Herr die Kraft, daß ich sein teures Evangelium den Menschen verkündigen kann. So predige ich in der Kirchhalle und breite seinen Ruhm aus. Diese wunderbare Aufgabe will ich so lange ausführen, bis der Herr kommt und mich heimholt.

Diese 21 Jahre in Lagerhaft waren von viel Gotterleben durchdrungen. Anders hätte ich die Demütigungen, den Hunger, die Kälte, die Beschimpfungen, die nächtelangen Verhöre nicht durchstehen können. Als ich noch ein Kind war, hatte mich Schwester Berta gelehrt, jeden Morgen vor dem Aufstehen die Bibel zu lesen und zu beten. Diese gute Gewohnheit habe ich auch im Gefängnis fortgesetzt, wenn auch unter erschwerten Bedingungen. Eine halbe Stunde habe ich mir am Morgen Zeit genommen und habe mit meinem Herrn laut in Deutsch gebetet und mir Gottesworte auswendig hergesagt. Das war mein Geheimnis und meine Kraftquelle in dieser von Leiden geprägten Zeit. Durch das Wort Gottes und durch sein kräftiges Reden an meiner Seele bin ich dreimal vor dem Selbstmord bewahrt geblieben. Immer wieder, wenn es in mir dunkel wurde und ich nicht ein noch aus wußte und am liebsten mein Leben weggeworfen hätte, hat Gott mich mit seinem starken Arm gehalten. Auch der Gedanke an meine beiden Pflegesöhne war mir eine Bewahrung.

Diese Zeit im Gefängnis war für mich eine Hochschule Gottes. Ich habe meinen Heiland gerade in der Not noch besser kennengelernt.

Er hat mich früh in seine Nachfolge gerufen. Ich bin ihm gefolgt. Ich hörte auch seinen Ruf in den vollzeitlichen Dienst als Diakonisse. Nun stehe ich wieder in meiner Kirchhalle und verkündige Sonntag für Sonntag das Evangelium. Ihm gehört alle Ehre, aller Ruhm. Daß ich heute 28 Menschen taufen durfte, ist der Beweis von Gottes großer Macht. Auch in zwei Bergdörfern darf ich Gottesdienst halten. Der Herr hat auch dieses Tun gesegnet, und Menschen fanden zum Glauben. Alles soll zum Lob seiner herrlichen Gnade dienen. Amen!